하나를 비우니
모든 게
달라졌다

미니멀라이프로
시작하는
선순환 프로젝트

이초아 지음

하나를 비우니
모든 게
달라졌다

넥스툰

비움 그리고 채움,
당신의 진짜 라이프가 시작된다

#집 크기는 내 마음대로 안 되니까, 물건은 내 마음대로

22→18→32→? 이게 무슨 숫자일까? 누군가는 허리 사이즈냐고 되물었지만, 사실 내가 결혼 후 살아온 집의 평수다. 8년 조금 넘게 결혼 생활을 하면서 군인 남편을 따라 평균 2년에 한 번 꼴로 이사했다. 관사에 살다 보니 집 평수나 상태를 따져가며 이사할 수 없었다. 그저 내 순서가 되었을 때 앞 사람이 이사 나온 집에 무조건 들어가야 했다. 관사를 기다리는 대기 순번이 많으니 집 상태와 평수를 운운하며 거부하면 맨 뒷 순서로 밀려나 다시 처음부터 기다려야 하는 시스템이었다. 그러다 보니 도배와 장판이 새로 된 상태 좋은 집부터 베란다

에 곰팡이가 가득한 곳, 10평대부터 30평대까지 다양한 집에 살았다. 내가 살 집인데 내 마음대로 할 수 없었다.

대신 물건을 내 마음대로 했다. 이사 다니며 온전히 내 것이라고 할 수 있는 건 물건밖에 없었다. 더 작은 집으로 이사할 때는 짐을 줄이는 게 맞는데, 기어이 모든 물건을 다 가져가서 방 하나에 꾸역꾸역 집어넣었다. 그 방은 창고이자 우리 가족의 삶에는 없는 방이 되었다. 방 두 개 중 하나를 그렇게 만들었다. 이후 지금까지 살아본 집 중 가장 넓은 곳으로 이사 갔을 때도 모든 물건을 다 가져갔다. 물건은 그대로인데 집이 넓어지니 공간마다 여유가 느껴졌다. 다음 번에 또 이사하더라도 계속 이렇게 여유를 느끼며 살고 싶었다. 그러나 다음에는 이전보다 훨씬 더 작은 집에 살 가능성도 얼마든지 있었다.

#여유로 채우고 싶어서, 쓰레기부터 버렸다

작은 평수로 이사 가더라도 또 다시 방 하나를 창고로 만들면서까지 물건에 눌려 살고 싶지 않았다. 그즈음 '쓸모도 없는 물건을 계속 보관하고 있는 것, 오히려 그게 낭비다'(《심플하게 산다》, 도미니크 로로)라는 문장을 접했다. 물건을 낭비하고 있다는 의미는 알았지만, 아는 것과 실천하는 것은 별개의 문제였다.

처음에는 살림이 서툴다는 이유로 부모님이 물건이나 반찬을 챙겨

주시면 이것저것 받았고, 그다음에는 아이가 태어나고 들어가는 돈
이 많아지니 누군가 줄 때 받아야 하나라도 아낄 수 있다는 이유로 받
았다. 그 와중에 나를 잃고 싶지 않다는 혹은 찾고 싶다는 다양한 이
유로 집에 여러 물건을 들였다. 그렇게 받아놓으면 언젠가 그 사용 가
치가 빛을 발하는 순간이 분명 있었다. 그 경험 때문에 물건을 비우는
게 쉽지 않았다. 나도 좀 가볍게 살고 싶었고 변화하고 싶었지만 버릴
물건은 하나도 눈에 들어오지 않았고, 동시에 '(물건이 아닌) 공간을 낭
비하고 싶지 않다'는 생각이 만나는 지점에서 '쓰레기부터 버리자'는
결론을 내렸다. 비울 물건을 고르고 고른 게 쓰레기였던 셈이다.

　나의 시작은 쓰레기를 비우는 작은 출발이었으나 비우기 전과 지
금의 나는 완전히 달라졌다. 더는 비우지 못하는 이유에 집착하지 않
고 변화를 선택했고, 내가 할 수 있는 쓰레기 버리는 일에서부터 시작
해 변화를 맞이했다.

#미니멀라이프는 '미니멀'보다 '라이프'가 중요하다

미니멀라이프는 말 그대로 라이프스타일이다. 단순히 '물건을 버리
고 끝'이 아니라, 어떤 삶을 살 것이냐에 대한 선택이다. 비운 자리에
또 다른 삶의 선택이 들어서야 하기 때문에 나는 '버리기'보다는 '비움'
이라고 말한다. 채움은 비움의 반대말이기도 하고 흔히 미니멀라이

프에 실패했을 때 쓰는 말이기도 한데, 난 비운 자리에 무엇을 채우느냐까지가 미니멀라이프라고 생각한다. 기존의 물건을 비우고 새로운 물건을 채우면서 환경 의식도 함께 채운다거나, 여유가 생긴 만큼 유튜버나 인플루언서로 그밖에 하고 싶었던 일을 하는 나를 위한 시간으로 채우거나, 점점 더 달라지고 나아질 우리 가족의 변화로 채울 수 있다. 또 다른 물건으로 채우고 싶다 해도, 괜찮다. 비움 뒤에 오는 채움은 분명 이전과는 다르기 때문이다. 그 비움과 채움을 반복하더라도, 괜찮다. 그러면서 당신의 진짜 라이프가 시작된다.

이 책에는 유튜브와 인스타그램, 강의, 미니멀 살림 프로젝트 진행을 통해 많이 받았던 질문들, 무엇이 쓰레기일까 고민했던 경험, 비워야 하는 줄 알면서도 그러지 못하는 마음, 나도 여전히 SNS를 통해 더 나은 방법을 묻고 시도해보며 겪은 시행착오 등 다양한 미니멀라이프 실천법을 담았다. 책 어느 곳을 펼쳐서 시작해도 좋고, 골칫거리인 물건부터 시작해도 좋다. 치워야지 생각만 하지 말고, 내용만 읽지 말고, 바로 비우는 행동을 했으면 좋겠다. 변화는 서서히 그리고 분명히 나타난다.

지금부터, 비움으로 채워가는 여정을 시작해보자.

목차

프롤로그 비움 그리고 채움, 당신의 진짜 라이프가 시작된다 · **4**

CHAPTER 1

물건을 비웠을 뿐인데 모든 게 변했다 (#채움)

청소가 편하다 · **14** | 시간을 번다 · **17** | 돈이 절약된다 · **20**
남편이 달라졌다 · **25** | 아이가 변했다 · **29** | 마음에 여유가 생겼다 · **33**
자존감이 높아졌다 · **36** | 인간관계가 변했다 · **39** | 환경을 지킨다 · **43**
직업을 만들었다 · **47** | 내 삶의 주도권이 생겼다 · **52**

CHAPTER 2

100L 쓰레기봉투는 필요 없다 (#환경)

약도 결국 화학 약품이다 · **62**
무심코 사용한 물건이 '바디버든'을 높인다 · **66**
주는 대로?! 기업이 줄 것은 소비자가 정한다 · **69**
썩는 모습을 보니 안심이 된다 · **72**
플라스틱의 모습은 다양하다 · **75**
내 손과 마음에 가장 어울리는 수세미 · **78**
재사용도 결국은 플라스틱의 굴레다 · **82**
버리려고 분리수거하는 것이다 · **86**

CHAPTER 3

돈 쓴 보람을 오래 느끼는 법 #절약

영수증도 종이 쓰레기다 · **96**

통장, 카드, 가계부에도 미니멀이 필요하다 · **99**

공짜 화장품 샘플! 정말 공짜일까? · **103**

건강 챙기기는 원래 번거로운 것이다 · **107**

소스가 많으면 나의 요리 실력도 나아질까 · **110**

CHAPTER 4

진정 위한다는 것 #육아

버리지 못하면 기부하면 된다 · **120**

갖고 놀 물건보다 같이 놀 사람이 필요하다 · **123**

때론 과감하게 큰 것부터 비워보자 · **128**

자주 쓰는 것을 잘 쓰기 위해 필요한 물건 · **132**

추억을 제대로 누리는 법 · **135**

언젠가?! 그 언젠가는 내가 정해야 한다 · **138**

CHAPTER 5

부지런한 게으름 (#시간)

작은 것이 쌓이면 큰일이 된다 • **148**

눈에 보이지 않는다고 사라진 건 아니다 • **152**

편한 게 있는데 번거로움을 샀다 • **157**

설거지하는 모습을 상상하자 • **159**

예쁜 쓰레기를 샀다 • **162**

쓰레기가 필요한 물건이 되는 시간 • **164**

시간이 지나면 용도도 사라진다 • **167**

물건에 담긴 마음을 들여다보는 시간 • **170**

CHAPTER 6

나는 내가 만든다 (#나)

사계절을 보내는 데 50벌이면 충분하다 • **180**

한 번의 경험이 버팀목이다 • **185**

내 옷 중 내 옷이 아닌 것 • **189**

잠자는 시간에도 내가 있다 • **192**

명품의 가치는 내가 결정한다 • **195**

나의 새 출발에 또각 구두는 필요 없다 • **198**

새것의 기쁨은 다 쓴 것 후에 찾아온다 • **201**

좋아하는 마음까지 비우는 건 아니다 • **205**

작지만 반복하는 행동의 비밀 • **209**

일회일비하지 않는 마음 • **212**

CHAPTER 7

내 습관은 언제, 어떻게 생긴 걸까? #습관

모아야 하는 것과 버리는 것을 구별하자 · **222**
멀쩡하다고 해서 꼭 필요한 것은 아니다 · **225**
최선을 다해 썼다면 그 마음 변해도 괜찮다 · **228**
관리할 수 있을 만큼만 내 것이다 · **231**
장비발보다는 습관발이다 · **234**
언제부터 팬트리가 있었지? · **237**
우리 집에 평생 보관할 수 있을까? · **241**

CHAPTER 8

예쁜 인테리어보다 나를 위한 인테리어 #취향

작은 행동도 하지 않을 때 오는 해방감 · **248**
물건보다 사람에게 더 신경 쓰고 싶다 · **251**
내 취향이 아니면 비우면 된다 · **254**
우리 집 라이프스타일에 어울리는 잔 · **257**
손님보다 우리가 더 오래 머무는 곳이니까 · **261**
커트러리를 꼭 살 것이다 · **265**

부록 4주 완성 미니멀라이프 프로젝트 · **269**

CHAPTER 1

물건을 비웠을 뿐인데 모든 게 변했다

#채움

청소가
편하다

가끔 '청소가 취미'라는 사람들이 있지만, 나는 아니다. 그래도 신혼 때는 열심히 쓸고 닦긴 했다. 부모님 집을 벗어나 나와 남편만 있는 우리 공간이 생겼다는 사실에 저절로 애정이 생겼다. 이 공간을 잘 관리하고 싶었고, 잘 해냈다. 집을 어지를 사람이 없었으니까. 기껏해야 식탁 위에 올려둔 티슈가 약간 비뚤어지는 정도?

아이가 태어나면서 모든 게 달라졌다. 갓난아기는 세 시간에 한 번씩 배고파 한다는 이야기를 왜 아무도 해주지 않은 것인가. 새벽에도 일어나 기저귀를 갈아주고, 수유를 해야 한다는 이야기를 왜 아무도 해주지 않은 것인가. 아이가 태어난 지 51일, 99일… 나의 하루는 아이로 시작해 아이로 끝이 났다. 하루하루를 보내는 것이 아니라 버틴다는 느낌, 그야말로 멘붕의 연속이었다. 제발 잠 한 번 푹 자보는 게 소원이었던 나에게 청소는 당연히 뒷전.

시간이 흘러 드디어 아이는 기고, 앉고, 걷기 시작했고, 밤중 수유도 끊어서 밤잠을 푹 잘 수 있는 여유도 생겼다. 이 생활에 익숙해지니 그제야 그동안 챙기지 못한 집이 눈에 들어왔다. 제대로 구석구석 청소해보리라 굳게 마음먹고 청소를 시작했는데, 얼마 가지 않아 다시 난관에 봉착.

아이는 내가 청소를 하는 즉시 다시 어지르기 시작했다. 청소기가 신기한지 청소하는 내내 쫄래쫄래 쫓아왔고, 물건을 제자리에 놓으면 다시 꺼내놓았다. 이건 뭐, 청소를 해도 티가 전혀 나지 않았다. 나는 아이 손이 닿을 수 없도록 물건을 점점 높은 곳으로 올리기 시작했다. 우리 집의 모든 선반 위, 가구 위는 물건이 점령했다.

아이의 손이 닿지 않으니 이제 모든 게 해결된 줄 알았다. 그러나 착각이었다. 아이의 손은 닿지 않았지만 먼지는 어디든 찾아가 내려앉았다. 아이들 물건은 대부분 알록달록한데, 거기에 먼지도 쌓이고 정리까지 되지 않으니 집이 정말 어수선해 보였다. 그 당시엔 아이가 있는 집은 그게 당연한 줄 알았다. 안 되겠다 싶어 작정하고 청소를 하는 날은 금방 지쳤다. 아이를 돌보면서 청소를 한다는 것만으로도 온몸의 에너지가 빠져나가갔다. 물건을 다 치우고 먼지를 닦아내고 다시 물건을 제자리에 두는 일이 말처럼 간단하지 않았다.

미니멀라이프를 한 후 지금은? 가구 위에는 되도록 물건을 두지 않는다. 먼지가 쌓이도록 놔둘 물건이라면 내가 아끼는 물건이 아니다. 위태롭게 선반 위에 쌓여 있는 물건들, 마음을 어수선하게 하던 눈에 거슬리는 물건들도 비웠다. 식탁에는 티슈만 올려두고 책장 위, 서랍장 위에도 최대한 물건을 두지 않고 빈 공간으로 놔두었다. 꼭 필요한 물건은 먼지가 쌓이지 않도록 서랍장 안에 넣어 자리를 정해주었다.

처음에는 빈 공간이 생기니 다시 무언가를 올려놓고 싶고 뭔가로 채우고 싶었지만, 그 마음은 아주 잠깐이었다. 청소할 때마다 물건을 들고, 닦고, 다시 제자리에 놓는 일련의 과정이 쓱 닦기만 하면 되는 한 동작으로 줄어드니 청소가 너무 편해졌다. 물건이 쌓여 있을 때는 오히려 청소해야겠다는 마음이 들지 않았다. 청소를 해도 티가 나지 않았기 때문이다. 물건이 없어지니 오히려 청소를 하게 된다. 빈 공간이 많아 청소를 하면 반짝반짝 티가 나서 깨끗해진 집을 바라보는 게 좋기 때문이다. 깨끗하고 정돈된 집안을 바라보며 식탁에 앉아 마시는 커피는 내 하루의 힐링포인트다.

시간을
번다

물건이 적어지니 청소가 편해진 것은 물론, 그 물건을 관리하고 정리하는 시간도 줄었다. "나는 맥시멀리스트야"라고 말하는 사람도 이 부분은 인정할 것이다. 옷 정리를 하더라도 옷이 500벌 있는 사람과 50벌 있는 사람은 정리하는 데 필요한 시간이 절대적으로 다르다. 어질러진 장난감을 치울 때도 블록 한두 종류만 치우는 것이 온갖 장난감을 다 치우는 것보다 시간이 적게 든다. 미니멀라이프를 한 후, 이렇게 물건 관리에 소요되는 시간이 정말 많이 줄었다.

　과거의 나는 패션에 관심이 많지도 않고, 옷을 잘 입는 사람이 아닌데도 옷이 정말 많았다. 많은 자매들이 그렇겠지만 나도 동생과 옷 때문에 정말 많이 싸웠다. 엄마가 각자의 옷을 사주셨는데도 서로의 옷이 탐이 나서 실랑이를 벌였다. 내가 입고 싶었던 옷을 동생이 먼저 입고 나가 싸운 날도 많다. 그러다 보니 자연스럽게 옷 욕심이 생겼다. 결혼 후 신혼집으로 옷을 챙겨오면서 어떻게든 한 벌이라도 더 가져 오려고 옷을 놓고 동생이랑 협상(?)을 했던 기억도 있다.

신혼집에선 방 한 칸에 행거와 서랍장을 놓고 드레스룸으로 사용했다. 공간이 넓지 않아서 계절에 맞는 옷은 행거와 서랍장에 꺼내놓고, 계절이 지난 옷은 리빙박스에 넣어 관리했다. 작은 집, 작은 공간에서 내가 할 수 있는 최선이었다.

계절이 바뀔 때마다 리빙박스에 들어 있는 옷과 행거, 서랍장에 나와 있는 옷을 교체했는데, 정리하는 데만 몇 시간씩 걸렸다. 한 계절과 또 다른 계절의 길목에 머무르는 시간이 길어지면 옷도 리빙박스, 행거와 서랍장 중간에서 며칠간 널브러져 있었다. 그 옷들을 볼 때마다 드레스룸이 넓은 집으로 이사하고 싶다고 생각했지, 옷을 비우겠다는 생각은 전혀 하지 못했다.

외출복, 생활복, 정장 등 성격도, 비울 이유와 갖고 있을 이유도 다양한 그 옷들을 차근히 비운 지금은 사계절 옷이 옷장 한 칸에 다 들어간다. 예전처럼 따로 시간을 내어 옷을 정리할 필요가 없다. 아침,

저녁으로 온도차가 급격한 간절기에도 얇은 옷부터 두꺼운 옷까지 한눈에 보이니 매일 아침마다 옷 고르는 시간이 줄었다. 옷을 비웠을 뿐인데 여유로운 공간뿐 아니라 시간까지 덤으로 얻었다. 앞으로도 옷이든, 다른 물건이든 내가 관리할 수 있는 양만큼만 소유하고 싶고, 정리에 많은 시간과 에너지를 쓰고 싶지 않다. 나에겐 물건 말고도 챙겨야 할 게 많으니까.

돈이
절약된다

미니멀라이프를 하다 보면, 물건 하나도 굉장히 신중히 구매한다. '이게 꼭 필요할까?' '샀다가 또 다시 쓰레기가 되는 것은 아닐까?'라는 생각이 자연스럽게 따라오기 때문이다.

부끄럽지만 과거의 나는 가격이 저렴하면 일단 사고, 그다음에 어디에 어떻게 쓸지 고민한 적도 있을 정도로 경제관념이나 소비 철학이 없었다. 그저 양 많고 저렴하면 최고라고 생각했다. 마트에 갔다가 1+1 행사를 한다거나 오늘만 특가 세일이라는 안내를 보면, 내가 사려던 품목이 아니어도 일단 집어 들었다. 왠지 지금 사지 않으면 손해 같고, 이런 기회에 사놓는 게 현명한 소비라고 생각했다.

그렇게 겉으로는 가성비를 따지는 현명한 주부인 척했으나, 현실은 전혀 아니었다. 신용카드 결제액 안내가 올 때면 남편이랑 고지서를 보면서 "우리가 도대체 뭘 샀길래 돈이 이렇게 많이 나왔지?" 하고 서로에게 질문했다. 매월 얼마를 쓰고 있는지 생활비 파악도 전혀 되지 않았고, 월급이 들어오면 돈이 도대체 어디로 사라졌는지 모르겠다고 푸념했다. 남편이랑 이번 달엔 너무 많이 썼으니 다음 달엔 좀 더 아껴 쓰자고 다짐했지만, 현금이 부족하니 다시 신용카드를 쓰고… 그런 생활을 반복했다.

소비 습관도 좋지 않고 돈 관리도 전혀 하지 않은 내가 그래도 잘하는 게 하나 있다면, 바로 '선 저축, 후 지출'이었다. 아니, 신용카드를 썼으니 '선 지출, 후 저축, 후 지출'인가? 어쨌든 한 달에 얼마를 쓰는지는 몰랐지만, 매월 얼마씩 저축하고 있는지는 정확하게 알았다. 월급이 들어오면 신용카드 대금이 빠져나가기 전에, 자동이체로 100만 원씩 저축했다. 많다면 많고 적다면 적은 돈이지만, 당시에는 외벌이 월급으로 100만 원 저축도 잘하고 있는 거라 생각했다.

그러다 첫째 아이가 태어났고, 가입한 저축 중 월 30만 원짜리 적금이 만기되었다. 만기가 되자마자 이어서 새로 가입해야 했는데, 아이한테 들어가는 비용이 많을 것 같다는 생각 때문에 미루다 보니 결국 가입하지 못했다. 저축액은 70만 원으로 줄었고, 나의 씀씀이는 월 30만 원만큼 더 커졌다.

실제로 나와 남편을 위해 쓰는 돈은 많지 않았는데, 아이에게 쓰는 돈이 정말 많았다. 아이가 커가면서 옷도 사야 했고, 육아가 힘드니 장난감의 도움도 받아야 했다. 주변에서 "아이에게 좋은 책이다, 국민 육아템이다"라고 말하면 귀가 솔깃했다. 그 당시 나는 소비로 육아 스트레스를 풀었던 것 같다.

그러다 둘째가 생겼다. 그때는 미니멀라이프를 시작하며 한창 물건을 비워내던 시기였다. 무심코 연 서랍 안에 있는 통장 지갑을 보고는 멈칫했다. 갑자기 겁이 났다. '첫째 아이 낳고 저축액이 줄었는데, 둘째 아이까지 태어나면 얼마나 더 줄어들까?' '지금 70만 원을 저축하고 있는데, 50만 원으로 줄이면 한 해에 600만 원이네? 그럼 5년을 꼬박 모아도 3000만 원밖에 안 되고, 내 집 장만은 꿈도 못 꾸는구나.'

이렇게 살면 안 되겠다고 생각했다. 둘째가 태어나기 전 대대적인 변화가 필요했다. 일단 통장 지갑을 꺼냈으니 통장부터 정리했다. 사용하고 있는 통장과 사용하지 않는 통장을 구분했고, 사용하는 통장에는 어느 용도인지 이름을 붙였다. 이렇게만 구분하고 정리했는데도 몰려왔던 겁이 조금은 사라지고, 길이 보이는 것 같았다. 그동안은 물건을 비우고 정리하는 데 열심이었다면, 이제는 돈을 비우고 정리하는 일을 제대로 해보겠다고 마음먹었다.

실제로 물건 정리와 돈 정리는 닮은 점이 참 많다. 물건도, 돈도 정리를 하려면 먼저 내가 가진 양을 파악해야 한다. 그다음에 필요 없는 물건과 남길 물건을 구분한다. 이 과정이 불필요한 소비와 꼭 필요한 소비를 구분하는 과정과 닮았다. 남기기로 결정한 물건을 어느 자리에 어떻게 수납할지, 남은 돈을 어디에 어떻게 소비하고 저축할지 결정하는 과정까지도 똑 닮았다.

최근 서울 집값이 3.3㎡당 2000만 원이 넘는다는 이야기를 들었다. 집에 사용하지 않는 물건이 있다면, 물건의 가격, 그리고 그 물건이 차지하고 있는 공간의 가격까지 합치면 몇 백만 원, 아니 몇 천만 원의 돈을 낭비하고 있는 셈이다. '언젠가 써야지, 언젠가 치워야지'라고 생각한 그 물건이 몇 백만 원, 몇 천만 원짜리 물건인 것이다. 사용하지도 않으면서 자리만 차지하는 물건들이 한두 개가 아니라 여러 개라면, 힘들게 벌고 모은 돈을 꼭 필요한 곳이 아닌, 사용하지도 않는 물건에게 내주고 있는 것이다.

물건, 돈, 공간, 시간의 가치를 알고 나자 통장 지갑, 신용카드, 소비 습관을 정리하는 게 한결 쉬워졌다. 남편과 줄이자고, 줄이자고 여러 번 말해도 늘 제자리걸음이었는데, 미니멀라이프의 개념으로 접근하자 어렵지 않게 변한 게 정말 신기했다. 소비를 줄이고, 저축을 늘리는 과정이 전혀 어렵지 않았고, 스트레스도 받지 않았다. 신기하게도 저축액이 더 늘었다. 둘째가 태어나고 우리 집의 저축액은 첫째 아이만 있을 때보다 늘었고, 셋째 아이까지 태어난 지금은 더 늘었다.

미니멀라이프를 하면서 과소비와 충동구매가 줄어든 점이 절약에 큰 도움이 되었다. 미니멀라이프가 아니었다면 아이들 핑계를 대면서 저축은커녕 돈이 없다는 말을 입에 달고 살았을 것이다. 나는 이제 사용하지 않는 물건을 비우고 정리하는 게 곧 돈을 지키고 절약하는 방법이란 것을 안다.

남편이
달라졌다

내가 미니멀라이프를 시작하고 집안에 있는 물건을 야금야금 비우기 시작했을 때 남편은 별 관심을 보이지 않았다. 분명 '조금 하다가 말겠지'라고 생각했을 것이다. 남편의 예상과 달리 중간에 멈추지 않고 계속해서 물건을 비워나가자 남편도 조금씩 집의 변화를 알아차리기 시작했다.

모르는 게 이상했다. 퇴근하고 집에 오면 현관에는 이 신발 저 신발 다 나와 있고, 장난감은 아이가 놀던 그대로 거실에 어질러져 있고, 화장실 앞은 빨랫감으로 가득한 게 우리 집의 모습이었다. 미니멀라이프를 시작하고부터는 집에 들어왔을 때 가장 처음 눈에 닿는 현관과 거실이 늘 정돈되어 있으니 변화를 알아채지 못할 리가 없었다. 퇴근하고 집에 돌아와서 묵묵히 청소기를 집어드는 대신 그도 쉴 수 있으니까. 격하게 표현하진 않았지만 남편도 내가 하는 미니멀라이프를 좋아하고 있다는 게 느껴졌다.

하지만 본인 물건에 대한 얘기가 나오자 태도가 바뀌었다. 내가 하는 것은 괜찮지만, 본인의 물건을 비우는 문제는 아직 마음의 준비가 되지 않았다고 했다. 내가 보기엔 한 해 동안 한 번도 입은 적이 없는 옷인데, 놔두면 다 입는다고 못 비우게 하고, 평소에는 군화랑 운동화밖에 신지 않으면서 어쩌다 한 번 하는 운동을 위해 등산화, 축구화, 풋살화, 러닝화, 워킹화 등 신발도 종류별로 다 가지고 있었다. 회사 일로 바빠서 책 읽을 여유도 없으면서 나중에 꼭 읽을 거라며 책장의 책도 비우지 못하게 했다. 결국 나는 내가 관리할 수 있는 주방, 거실, 욕실, 내 옷과 신발, 화장품, 아이 물건들을 먼저 비웠다. '내가 계속 변화하고, 그걸 옆에서 지켜보다 보면 언젠가 남편도 달라지겠지'라는 믿음으로 계속 비웠다.

하루는 빨래를 개어 남편 서랍장에 넣다가 옷이 너무 중구난방으로 섞여 있는 것 같아서 다 꺼내서 다시 착착 개었다. 그러고는 옷 가게에 정리되어 있는 것처럼 여름옷은 여름옷끼리, 겨울옷은 겨울옷끼리, 색상별로 쭉 정리해서 다시 서랍장에 넣었다. 남편 옷을 그렇게 정리해준 건 처음이었는데, 내가 하고 내가 놀랐다. 흰색과 파란색 반팔 티셔츠가 30벌 가까이 있었기 때문이다. 행거에 걸려 있는 옷까지 합치면, 빨래하지 않더라도 매일 옷을 바꿔 입으며 한 달은 거뜬히 보낼 수 있을 정도였다.

옷 정리한 것을 보여주자 남편도 충격을 받은 표정이었다. 그동안 본인이 가지고 있는 옷을 숫자까지 세어가며 이렇게 객관적으로 마주한 적이 없었으니까. 맨날 옷이 없다고 백화점이나 아웃렛에 가면 세일 코너를 기웃거리던 사람이었는데, 그동안 옷이 없는 게 아니었다는 것을 드디어 본인도 알게 됐다. 그리고 그 주에 바로 비울 옷 13벌을 골라냈다.

"일단 다 꺼내놓고, 늘어난 옷이나 보풀이 생긴 옷, 몇 년 동안 입지 않은 옷은 미련 없이 비워. 미련 가지고 남겨둬도 어차피 내년에도 손이 안 가서 안 입게 돼. 옷장에는 그런 옷 말고도 이렇게나 옷이 많잖아. 그러니까 마음먹었을 때 과감하게 비워봐."

옷이 정말 낡아야 비울 생각을 하고, 그마저도 실내복으로 입겠다며 버리지 못하게 하던 사람이었는데, 내가 해준 옷 정리가 제대로 동기부여가 됐는지, 이날은 과감하게 버릴 옷을 골라냈다.

남편이 옷을 어느 정도 비워내자 옆에 가서 한 번 더 조언했다. "여기서 옷을 한 차례 더 비우고 싶으면 옷을 하나하나 만져보면서 설레지 않는 건 다 빼봐. 새옷, 헌옷 구분하지 말고 '설레는 옷인지, 아닌지'만을 기준으로 비우는 거야."

버릴 물건과 남길 물건을 골라낼 때 '설렘'을 기준으로 하라는 말은 일본의 정리컨설턴트 곤도 마리에가 한 말인데, 내가 물건 비우기에 어려움을 느낄 때 어느 정도 도움을 받은 방법이다. 그리고 그 조언이 남편에게 제대로 통했다. 태그도 떼지 않은 새옷이나 몇 번 입지 않은 옷도 설레지 않는다며 골라냈다.

자기 옷은 건드리지 말라고 하던 사람이 한 번에 10벌 이상을 비워냈다는 건 엄청난 변화였다. 옆에서 내가 비우는 모습을 그저 지켜만 보는 것이 아니라, 스스로 본인의 옷을 비워냈다는 데 큰 의미가 있었다.

이제는 옷을 하나 사고 싶으면 여기서 하나를 비우면 된다고, 그러면 옷이 늘어나는 걸 방지할 수 있다고 말해줬는데, 남편은 거기에서 더 나아가 옷을 하나 사면, 기존에 있는 옷을 두세 벌씩 비우고 있다. 쓰면서도 남편의 이런 변화가 감격스럽다. 지금도 진행 중인 남편의 미니멀라이프를 응원한다.

아이가
변했다

내가 변하고, 남편도 응원해주니 아이들도 자연스럽게 미니멀라이프를 받아들였다. '미니멀라이프'라는 용어까지는 모르더라도 우리 집이 깨끗해졌다는 건 첫째 아이도 쉽게 눈치챘다. 그리고 큰 변화도 있었다. 아이가 정리된 모습과 어질러진 모습을 구분하기 시작한 것이다. '그 정도 구분하는 건 당연한 거 아니야?'라고 생각할 수도 있겠지만 엄마 입장에서는 그 의미가 남달랐다. 아이가 놀고 난 후, 스스로 장난감을 정리했기 때문이다.

자기 전까지 장난감을 가지고 놀다가 그대로 놓고 자러 들어가고,

아침에 일어나 다시 그 장난감을 가지고 노는 게 아이의 일상이었다. 가끔 청소하며 정리를 하더라도 다시 꺼내 어지르면서 놀기 때문에 그동안은 정리라는 의미가 없었다. 나도 아이가 있는 집이라면 그런 일상은 당연하다고 받아들였는데, 그런 나보다도 아이가 먼저 스스로 장난감을 정리하고 자러 들어간다는 것은 정말 큰 변화였다. 첫째 아이가 장난감을 정리하면 둘째 아이는 책을 정리하는 식으로, 형의 행동을 보며 둘째 아이도 자연스럽게 정리 습관을 배웠다.

아이들을 재운 후 다시 거실로 나왔을 때 보이는 풍경이 달라지니 나도 온전히 육아 퇴근, 살림 퇴근을 하고 나만의 시간을 보낼 수 있었다. 나의 변화가 가족들의 변화까지 이끌었고, 그게 다시 나를 위한 시간을 만들어준 것이다.

변화는 이뿐만이 아니다. 아이가 물건을 공유하는 법을 배웠다. 첫째 아이는 TV에 나오는 장난감마다 다 사달라고 조르거나 장난감 코너를 지나칠 때 사달라고 드러누우며 떼쓰는 아이는 아니었다. 반면 본인의 물건과 공간에 대한 애착은 정말 컸다. 누군가 자신의 물건을 만지려고 하거나 자신의 영역이라 생각하는 곳에 들어오면 잘 놀다가도 긴장했다. 조금 더 다가오는 친구나 동생에게는 곧바로 손을 뻗어 공격적으로 행동했다. 자신의 물건에 애착을 갖는 시기이기도 했지만, 또래보다 그 정도가 조금 심해서 걱정하던 차였다. 그것 때문에 다른 친구들과 놀거나 둘째 아이가 형의 장난감을 만지려고 할 때면 나도 덩달아 긴장했고, 얼마나 마음 졸였는지 모른다.

육아용품이나 아이의 옷은 내가 판단해서 비울 것과 남길 것을 구분하더라도, 아이가 애착을 가지는 장난감만큼은 꼭 아이의 허락하에 비워야 한다고 생각했다. 그때 보게 된 다큐멘터리가 EBS 〈하나뿐인 지구〉에서 방영한 '미니멀 육아, 장난감 없이 살아 보기' 편이었다. 영상에서는 2주간 집에서 장난감을 모두 없앤 후 아이의 반응을 보여 줬다. 실험 속 아이들은 집에 들어왔을 때 장난감이 없어도 울지 않았다. "장난감이 없어지니 섭섭하지 않아?"라고 묻자 "괜찮아요. 다른 것 가지고 놀면 돼요"라고 대답하는 아이들의 모습을 보니 엄마의 걱정은 쓸데없었다. 아이들은 장난감 없는 환경에서도 금세 놀거리를 찾아 시간을 보냈다. 영상에 나온 전문가들은 오히려 장난감이 없어야 아이들의 창의력이 높아지고, 교육적으로도 도움이 된다는 조언을 했다.

이를 보고 나도 아이에게 같이 장난감을 비워보자고 제안했다. 물건을 비워본 적이 없는 아이는 그게 무슨 말인지 모르는 듯했으나 나를 따라서 몇 개 골라냈다. 나는 아이가 아무것도 버리면 안 된다고 할 줄 알았는데, 고장난 장난감이나 어린이집에서 받아온 교구들은 버려도 된다며 골라냈다. 말도, 시도도 해보지 않고, 나 혼자 아이의 모습과 마음을 단정 짓고 있었던 것이다. 그렇게 아이와 나는 처음으로 장난감을 사는 것이 아니라 비울 수도 있다는 경험을 했다.

나는 그저 미니멀라이프 차원에서 장난감도 좀 비워낸 것인데, 이 경험이 아이에겐 굉장히 중요했던 것 같다. 공격적인 모습을 보일 만큼 물건에 애착이 컸고, 자신의 물건을 한 번도 버려본 적이 없었는데, 처음으로 자기 손으로 남길 장난감과 비울 장난감을 골라내고, 애착 관계를 놓아준 것이니까.

그 뒤로 갖고 놀지 않는 장난감이 생기면 "엄마, 우리 이건 하온이 줄까?"라거나 친구가 놀러오면 "너는 이거 가지고 놀아"라면서 양보하기 시작했다. 자기 물건은 절대 만지면 안 되고 누가 다가오면 긴장부터 하던 아이가, 나눠준다는 의미를 장난감 비우기를 통해 깨달은 것이다.

지금은 내가 비우자는 말을 하지 않아도 알아서 자기에게 필요 없어진 장난감이나 물건을 골라서 갖고 온다. 처음부터 정리도 잘 하고, 양보도 잘 하는 똑똑한 아이였다면 이런 모습이 당연하다고 생각했겠지만, 내 아이는 그러지 않았던 것을 누구보다 잘 알고 있기에 아이의 변화가 감격스럽다.

마음에
여유가 생겼다

물건을 비우고 정리하자 신기하게도 마음의 여유가 생겼다. 미니멀 라이프를 하기 전에는 늘 부족한 것에 집중하고, 내가 갖지 못한 것을 보면서 불행하다고 느꼈다. 이것도 갖고 싶고, 저것도 사고 싶은데, 나에겐 그만한 돈도, 공간도 없으니 이미 가지고 있는 사람들을 부러워하고, 계속해서 나와 그들의 상황을 비교했다. 이제는 돈이 없고, 놓을 공간이 없어서 못 사는 것이 아니라, 그 물건을 관리할 시간과 에너지를 더 소중한 곳에 쓰고 싶어서 내가 안 산다. 못 사는 것과 안 사는 것, 결국 사지 않는 건 똑같지만 내 마음이 나 자신에게 충실

하냐 아니냐라는 중요한 문제를 깨닫게 해주었다.

나도 결혼 전에는 24시간을 오로지 나를 위해 사용했다. 배우고 싶은 게 있으면 배웠고, 돈을 모아 가끔은 해외여행도 갔고, 친구를 만나 맛있는 것도 먹고, 옷도 사면서 스트레스를 풀었다. 아침부터 오후까지 회사에 매인 몸이긴 했지만 그 또한 나를 위한 일이었고, 퇴근하면 잠들기 전까지의 시간이 전부 내 것이었다.

아이가 생기자 그간 내가 알고 있던 시간의 개념이 180도 바뀌었다. 그 어떤 시간도 내 마음대로 쓸 수 없었다. 자고 싶을 때 자고 일어나고 싶을 때 일어나는 것이 아니라, 아이가 자면 나도 옆에 누워서 자야 했고, 아이가 일어나면 더 자고 싶어도 억지로 몸을 일으켜야 했다. 몸이 아파 밥 차려 먹을 힘도 없으면서 아이는 먹여야 하니 꾸역꾸역 일어나 주방으로 갔다. 배우고 싶은 게 생겨도 아이를 데리고 다니면 제약이 많으니 도전하기도 전에 포기했다. 분명 24시간은 그대로인데, 내 의지가 아닌 아이에 의해 돌아갔고, 그렇게 나는 엄마의 일상을 살아냈다. 이 시간이 불행했다는 것은 아니다. 아이가 커가는 모습을 옆에서 지켜보는 게 행복했고, 이 시기에 아이에게 집중하자고 선택한 것도 나였기에 후회는 없다.

다만 그래도 힘든 건 힘든 거였다. 아이가 좀 더 커서 어린이집에 가면 나도 내가 하고 싶은 걸 할 거라고, 나도 나를 찾을 거라고 생각하며 그 시간을 견뎠다. 그러나 상상만 하던 그 시간이 왔는데도 내 일상은 변하지 않았다. 아이를 등원시키고 집에 들어오면 집안일이 쌓여있었다. 점심 먹고, 청소하고, 쌓인 빨래를 돌리고 어영부영 하다 보면 다시 아이가 올 시간. 결국 나는 아무것도 하지 못하고 집안일만 하다가 시간을 다 보냈다. 나를 위해 쓸 시간적 여유가 부족했다.

물론 미니멀라이프를 시작한 후에도 육아와 집안일은 사라지지 않았다. 하지만 전에는 그 시간을 의무감에 보냈다면, 이제는 아니다. 상황은 그대로인데, 아니 그때는 아이가 하나였지만 지금은 아이가 셋으로 늘었으니 지금이 더 힘들다면 힘들텐데, 마음의 여유는 그때보다 늘었다. 마음에 여유가 생기니 육아도, 살림도 예전처럼 힘들지 않다. 미니멀라이프를 하며 관리할 물건이 적어지니 자연스럽게 청소 시간이 줄었고, 물건을 찾고 정리하는 스트레스도 없어졌다. 이제야 온전히 내가 내 살림을 관리하고 있다는 생각이 들어 오히려 살림이 재미있기까지 하다.

자존감이
높아졌다

미니멀라이프를 하며 생긴 여유 시간을 나를 위해 사용했다. TV를 보
거나 잠을 자며 휴식을 취하기도 했지만, 그보다는 더 뿌듯하게 시간
을 보내고 싶었다. 그래서 책을 읽기 시작했다. 내가 책이라니! 그동
안은 많아도 한 해에 두세 권 정도밖에 읽지 못했는데, 여유 시간에
책을 읽겠다는 계획까지 세울 수 있었다. 두껍고 어려운 책은 중간에
흥미를 잃을까 봐 얇고 가벼운 책을 읽으며 독서에 재미를 붙였다. 나
의 관심사인 미니멀라이프나 살림 분야의 책을 주로 읽으며 실생활
에 하나씩 적용하니 독서가 더 재미있었다.

관리할 물건이 줄어들어 청소가 쉬워지니 집안일에 쓰는 시간이 줄었고, 소파에 앉아 집을 바라보면 물건들이 각자 자리에 깔끔하게 정돈되어 있으니 그제야 집의 편안함을 온전히 누리는 것 같았다. 그 여유 시간을 나를 위해 쓰기 시작하자 안정감이 찾아왔다. 집안일과 육아에 끌려가는 삶이 아니라 이제는 내가 내 삶을 주도적으로 살아가고 있다는 느낌이 들었다. 미니멀라이프를 통해 얻은 여유 시간 중 아주 잠깐 독서 시간을 갖는 것만으로도 내가 발전하고 있다는 생각이 들어 하루가 뿌듯했다.

사실 결혼과 동시에 직장을 그만두고, 아이를 출산하고 키우면서 자존감이 많이 낮아진 상태였다. 새로 편성된 교회 모임에서 자기소개를 하는 시간이 있었는데, 다들 이름, 나이와 함께 직업 소개를 할 때 나만 주부라고 말하는 게 싫었다. 나도 얼마 전까진 어엿한 직장인이었는데, 이젠 주부라는 말로 그동안 내가 걸어온 길, 내가 했던 모든 일들이 지워진 것 같아서 속상했다.

이젠 주부라는 직업이 그 어떤 일보다 가치 있는 직업이라고 생각한다. 미니멀라이프로 인해 안정감, 내 스스로가 발전하고 있다는 생각이 들고 삶에 대한 만족도가 올라가자 깨닫게 된 사실이다. 실제로 내가 아프면 당장 우리 집은 평소대로 굴러갈 수 없으니 나는 지금 대단하고, 매우 중요한 일을 하고 있는 거다. 그리고 지금 나에게 주어진 주부라는 일을 잘 감당하면 분명 나중에 기회가 왔을 때 다른 일도 잘 할 수 있을 거라는 생각이 든다. '당장은 눈에 보이지 않더라도 지금처럼 매일 주도적으로 살아가면 이런 하루하루가 쌓이고 쌓여 나중에는 뭔가 되어 있지 않을까?' 하고 기대한다.

내 의지로 물건을 비우고 남기는 과정을 거치면서 그게 마음에도, 나의 자존감에도 영향을 줬다. 물건이든, 상황이든 수동적으로 받아들이기만 하는 것이 아니라 받아들일지 말지 내가 적극적으로 결정하는 연습을 한 셈이다. 지금의 나는 과거의 내 모습을 그리워하기보다 현재의 삶을 열심히, 당당하게 살아내기로 결정했다. 이 마음을 가지기 전에도 나는 주부였지만 그땐 결혼을 했기 때문에 얼떨결에 주부가 된 것이라면, 이젠 내가 선택한 것이다. 미니멀라이프를 하며 살림에 재미가 생겼고, 재미있는 일이 직업이 되니 나는 얼마나 행복한 사람인가. 이 또한 자존감이 올라가니 할 수 있는 생각임을 안다.

인간관계가
변했다

불필요한 것과 소중한 것을 구분하는 일은 비단 물건에만 적용되는 게 아니었다. 쓸모없는 물건을 비우면 꼭 필요하고 소중한 물건만 남듯이, 사람들과 나와의 관계를 돌아보며 주변에 있는 소중한 사람들에 대해 다시 생각해보게 되었다.

나는 혼자 시간을 보내며 에너지를 충전하기보다는 사람들로부터 에너지를 받는 외향적인 성향이다. 대학교에 다닐 때도 교내보다는 교외 활동에 더 관심을 가졌고, 전국 대학생들이 모이는 대외 활동에도 많이 참여했다. 입사지원도 외부 사람들과 교류가 많고, 계속해서 새로운 시도를 해야 하는 홍보팀으로 했다. 내 성향과 적성에 맞았기 때문이다.

내가 입사한 해에 회사는 창립 90주년을 맞아 일이 정말 많았다. 아침 일찍 출근해 새벽에 퇴근하는 그 생활을 어떻게 버텼나 싶을 정도다. 일은 매우 힘들었지만 직원들과 함께 있으면 재미있는 순간도 많았다. 대부분 회사생활을 하면 일은 좋으나 사람 때문에 스트레스를 받는다고 하는데, 나는 반대로 신입 직원이었기 때문에 일은 배우는 과정이라 어려웠고, 오히려 사람들 덕분에 회사생활에 잘 적응할 수 있었다.

그렇게 사람으로부터 에너지를 받던 나였는데, 이젠 집이 좋고 집안일이 좋아졌다. 성격유형검사를 하면 늘 외향성이 높게 나왔던 내가 혼자 시간을 보내는 법도 알게 되었고, 심지어 그 시간이 너무 좋다. 집안 어디를 봐도 내가 좋아하고 필요한 물건들만 보이고, 나를 위한 시간도 보낼 수 있으니 이젠 집에서도 충분히 에너지가 채워진다.

그러면서 사람과의 관계도 다시 생각해보게 되었다. 결혼하며 일을 그만둔 상태니 일로 사람을 만나는 경우는 없었지만, 남편의 직장 문제로 이사를 다닐 때마다 새로운 동네에 적응하고 새로운 사람들을 사귀어야 했다. 아무리 사람들과 어울리기 좋아한다고 해도 한 번도 살아본 적 없는 낯선 동네에서 새로운 사람까지 사귀는 건 쉽지 않왔다. 여기서 오는 불안함이 늘 마음속에 있었고, 이사 시기가 다가오면 더욱더 커졌다. 이사하고 3개월 동안은 이전에 살던 동네가 생각나 울적해지기도 했고, 마음이 안정되지 못하고 붕 떠 있는 느낌이 들기도 했다. 나의 적응을 도와주겠다며 남편은 회사 동료의 가족들을 소개해주기도 했고, 나도 동네에 대한 정보가 없으니 아이가 다니는 유치원, 어린이집 엄마들과 친해지려고 노력했다. 그게 당연한 거라고 생각하며 살았는데, 어느 순간 이렇게 친해지는 건 내가 원하는 관계가 아니라는 생각이 들었다.

미니멀라이프를 통해 물건에 대해 다시 생각해보면서 내가 원하는 사람과의 관계도 그와 별반 다를 게 없다는 것을 알게 되었다. 그저 적응을 위해 친하게 지냈다가 이사 가면 다시 멀어질 사람들이 아닌, 이사를 가도 계속 연락하고 지낼 수 있을 정도로 깊은 관계를 맺고, 마음으로부터 가까워지고 싶었다. 만날 때마다 불평불만만 늘어놓는 사람, 서로에 대한 대화를 나누고 싶은데 다른 사람들 이야기만 계속하는 사람, 만나고 집에 오면 유독 피곤해지는 만남은 점차 줄이고, 소중하게 생각하는 사람들에게 더 많은 시간과 에너지를 써야겠다고 다짐했다. 돌이켜보니 이사를 다닐 때마다 그런 소중한 사람들이 꼭 한두 명씩 생겼다. 애써 노력하지 않았는데도 자연스럽게 대화가 잘 통하고, 공통 관심사를 나누며 친해지고, 좋은 기분을 주고 받는 그런 사람 말이다.

그 사실을 깨닫고부터 나는 사람들과 친해지기 위해 애써 노력하지 않는다. 차라리 그 시간에 오래된 지인들에게 전화를 해서 안부를 한 번 더 묻거나 좋은 이웃들에게 마음을 한 번 더 표현하려고 한다. 이렇게 해도 멀어질 사람은 멀어질 테고, 새로운 사람이 다가오는 등 예상치 못하는 일이 벌어지겠지만 그것이 인연이라는 것을 안다. 노력해도 마음대로 되지 않는다는 걸 알지만, 그래도 노력해야 하는 관계가 아닌 노력하고 싶은 관계에는 힘껏 노력하고 싶다.

환경을
지킨다

우리 집, 나와 우리 가족의 변화가 더 또렷하게 느껴질수록 나는 미니
멀라이프의 매력에 푹 빠져 신나게 버려댔다. 매일 집을 돌보며 더 버
릴 것은 없는지, 초기에는 못 버렸지만 이제는 버릴 수 있는 물건은
없는지 눈에 불을 켜고 찾았다. 그러다 어느 날 문득 '우리 집은 가벼
워지고 깨끗해져서 좋은데, 내가 버린 쓰레기들은 전부 어디로 갔을
까?' '재활용 분리수거함에 넣은 물건들이 제대로 재활용되긴 하는 걸
까?' '요즘 환경문제가 심각하다는데, 혹시 내가 버린 쓰레기 때문에
더 심각해진 건 아닐까?'라는 질문들이 떠올랐다.

때마침 재활용되는 줄 알고 버린 물건들이 실제 재활용률이 높지 않고, 우리나라에 쓰레기산이라 불리는 곳이 있다는 것도 알게 되었다. 전국에서 나오는 쓰레기가 더 이상 소각도, 매립도 할 수 없을 만큼 많아져서 어딘가에 쌓이기 시작했고, 그 양이 점점 늘어나 쓰레기산을 이루었다고 한다. 2020년 8월 환경부 조사에 따르면 쓰레기산이 전국에 356곳이나 있다는데, 이 사실은 충격 그 자체였다. 찾아보니 내가 살고 있는 지역에도 쓰레기산이 있었다. 내가 사는 집 근처, 내가 주로 다니는 길에 쓰레기산이 있진 않으니 문제를 전혀 인지하지 못했던 것이다. 그 존재를 알게 된 이후 미니멀라이프 방식, 마인드에 큰 변화가 생겼다.

이전까지 나는 미니멀라이프 하면 '버리기'가 우선이라고 생각했다. 일단 쓸모없는 물건을 버려야 소중한 물건들만 남길 수 있고, 정리도 할 수 있으니까. 미니멀라이프 관련 책에도 각종 버리기 기술이 소개되고 블로그 글이나 유튜브 영상을 찾아보면 일단 100L 쓰레기봉투부터 준비한 뒤 시작하라고 했다. 반대로 물건을 버려야 한다는 생각 때문에 미니멀라이프를 시작조차 하지 못하는 사람들도 많았다. SNS를 통해 내게 "이건 어떻게 버리셨어요?" "버리려고 보니 다 필요한 물건처럼 보여요. 버린 후에 다시 필요해지면 어쩌죠?"라고 묻는 사람이 많았다.

미니멀라이프와 동시에 환경문제에 관심을 갖게 되면서 나는 '미니멀라이프 = 버리다'가 아님을 깨달았다. 미니멀라이프는 '비움'이다. 100L 쓰레기봉투부터 준비할 게 아니라 먼저 중고판매도 해보고, 지인 나눔도 해보고, 기부도 해본 후, 가장 최후에 하는 것이 버리기다. 그게 올바른 비움이다. 버린다는 생각부터 할 게 아니라 비운다고 생각하면 미니멀라이프를 어렵게 느끼는 사람들도 좀 더 쉽게 도전할 수 있다. 내가 미니멀라이프를 시작한 초기에 남편이 무심코 보여준 모습이기도 하다.

안 쓰는 물건을 버리자고 하자 남편은 중고로 파는 건 되는데, 그냥 버리는 건 안 된다고 했다. 얼마를 주고 산 물건인지 아냐면서 아까워서 안 된다는 것이다. 안 입는 옷이 있어서 헌옷수거함에 넣겠다고 하자 멀쩡한 옷을 왜 버리냐며 필요한 사람에게 주는 건 괜찮지만, 헌옷수거함에 넣는 건 안 된다고 했다. 나에게 필요 없는 물건이 집에서 사라지는 건 똑같은데, 어떻게 비우느냐에 따라 이건 되고, 저건 안 된다고 했다. 남편의 이야기를 주변에 들려주면 공감하는 사람이 많았다. 그냥 버리는 건 아까운데, 팔거나 지인에게 주는 건 아깝다는 생각이 덜 든다는 것이다.

나는 물건을 비우고 찾아오는 변화들이 좋아서 미니멀라이프가 좋아졌는데 이건 이미 마음의 준비가 끝난 사람의 이야기라는 걸 깨달왔다. 누군가에겐 어떻게 비우는지도 매우 중요한 문제다. 어떻게 비우느냐에 따라 미니멀라이프에 대한 호감이나 인식이 달라지고, 그에 따라 삶을 바꾸는 변화를 지속할 수 있을 터였다. 한때 나는 더 빨리 더 많이 비우고 싶은 마음에 버리는 데 급급했다. 중고거래를 하고, 지인에게 필요한지 물어보고, 기부하는 과정이 그냥 쓰레기통에 집어넣는 것보다 오래 걸리고 번거로운 건 사실이니까.

진정한 미니멀라이프는 단순히 물건을 더 적게 가지는 게 아니다. 경쟁하듯 누가 더 빨리, 더 많이 비우느냐도 중요한 게 아니다. 어떻게 비우는지가 정말 중요하다. 필요 없는 물건을 모조리 쓰레기통에 집어넣고, 당장 내 눈 앞에서 치우기만 하면 괜찮은 건가? 쓰레기산으로 고통 받는 사람들이 있든 말든 우리 집만 깨끗해지면 되는 건가? 우리 집 앞에 쓰레기산이 없으니 나와는 상관없는 문제인가?

안타깝게도 나는 많은 물건을 쓰레기통으로 보낸 후 이 사실을 깨닫게 되었지만, 지금부터 미니멀라이프를 시작하려는 사람들은 어떻게 비우는 게 좋은지도 생각했으면 좋겠다. 속도보다 중요한 건 방향이라는 말이 있듯이, 내가 계속 살아갈 환경, 우리 아이들이 살아갈 미래를 생각한다면, 조금 느리고 수고스럽더라도 올바르게 비우는 게 무척 중요하다.

직업을
만들었다

미니멀라이프에 도전하며 비우는 과정을 SNS에 기록했는데, 하나둘 소통하고, 응원해주는 사람들이 생겨났다. 내가 비우는 모습을 보며 대리만족을 하는 사람, 나를 따라 조금씩 미니멀라이프를 시작한 사람도 있었다. 좋은 집, 신상품, 비싼 물건을 자랑하기 바쁜 SNS 세상에서 비우는 과정을 응원해주고, 오히려 없어도 괜찮다 말해주는 사람들 덕분에 비우는 과정이 더 재미있게 느껴졌다. 어느새 나만의 비움 팁도 생겨나 나도 사람들에게 도움이 될 만한 정보를 나누기 시작했다.

그저 기록용으로 시작한 SNS였는데, 팔로워가 점점 늘어나며 나는 자연스럽게 미니멀라이프 콘텐츠를 다루는 인플루언서가 되었다. 나에게 미니멀라이프 관련 질문을 하는 사람도 많아졌다. 사람들이 내게 궁금해하는 정보들을 일회성 답변으로 끝내는 게 아닌, 뭔가 제대로 정리된 콘텐츠로 만들어 더 많은 사람들과 공유하고 싶었고, 내 머릿속에 있는 정보들을 시각화해서 정리하고 싶었다. 고민 끝에 유튜브를 시작하게 되었다.

유튜브를 시작할 당시 배속에 셋째 아이를 임신 중이었는데, 지금 생각해도 그 당시 열정이 넘쳤다. 입덧이 심했던 임신 초기가 지나자, 몸도 가볍고 컨디션도 좋았다. 다른 사람이 임신 중에 새로운 일에 도전한다고 하면 분명 말렸을 텐데, 나는 그때가 새로운 일을 시작하기에 딱 좋은 시기라고 느꼈다. 두려울 게 없는 셋째 엄마라서 그런가? 그것도 아들만 셋. 어쨌든 아이가 태어나면 당분간 엄마로만 살아야 하는데, 그 전에 하고 싶은 일에 잠깐이라도 도전해보고 싶었다.

첫 영상을 위해 대본을 쓰고 아이들이 유치원에 간 동안 틈틈이 핸드폰으로 샘플 영상을 찍었다. PD로 일하던 친구에게 봐달라고 보냈는데, 마침 그 친구가 직장을 그만두며 함께 유튜브를 해보기로 했다. 놀랍게도 우리는 첫 영상으로 구독자 1천 명, 시청시간 4천 시간이라는 유튜브 수익창출 조건을 달성했다. 첫 영상이라 공을 들인 건 맞지

만 이렇게 빨리 성과가 나리라고는 생각도 못했기에 기분 좋으면서
도 얼떨떨했다. 뭐든 꾸준히 하면 성공할 수 있다고 말로만 들었는데,
이렇게 결과로 나타나니 신기했다.

미니멀라이프라는 콘텐츠가 먹방이나 뷰티처럼 유튜브 세계에서
인기 있는 분야는 아니지만, 나는 이제 콘텐츠 소비자를 넘어 생산자
가 되었다. 주부라는 직업 외에 유튜버라는 직업이 생긴 것이다. 유
튜브를 하며 '나도 할 수 있다!'는 자신감이 생겼다. 남편 월급 외에
내 노력으로 수입이 들어온다는 사실도 정말 기뻤다.

임신 중에 유튜브를 시작했기 때문에 출산 후에는 어떻게 할지 고
민되긴 했다. 신생아를 돌보면서 영상까지 찍을 수 있을까 걱정했지
만, 그만두고 싶지는 않았다. 그래서 아이를 낳기 전에 영상을 여러
개 찍어두고 출산 후에는 미리 찍어둔 영상들을 업로드하면서 채널
을 운영했다. 아마 혼자서 채널을 운영했다면 출산을 핑계로 결국 멈
췄을 텐데, 친구와 함께하니 채널 운영에 대한 부담이 줄어 가능했다.
주부라는 직업은 내가 조금 부족하거나 천천히 하더라도 뭐라 할 상
사가 없어서 좋지만, 반대로 함께할 동료가 없어서 외롭기도 한데, 친
구와 함께 유튜브 채널을 운영하며 나에게도 동료가 생겼다. 오랜만
에 '함께'의 힘을 느꼈다. 혼자라면 하다가 멈추기 쉽지만, 함께하면
지속할 수 있는 힘이 생긴다.

사람들도 나처럼 '함께'의 힘을 알았으면 했다. 생각해보니 내게 SNS로 질문하는 사람 중에는 "혼자 하려니 가계부도, 미니멀라이프도 자꾸 작심삼일이 돼요" "누가 옆에서 도움을 주면 더 잘할 것 같아요"라고 말하는 사람이 많았다. 그런 사람과 함께하고 싶어 '미니멀 살림 프로젝트'를 생각해냈다.

'미니멀 살림 프로젝트'는 내가 살림하는 데 가장 큰 도움을 받은 가계부 쓰기와 미니멀라이프를 함께 진행하는 프로젝트다. 가계부를 쓰다 보면 미니멀라이프의 필요성을 느끼게 되고, 미니멀라이프를 하다 보면 여러 부분이 절약되어 가계에 도움이 된다. 서로 많이 연관되어 있기 때문에 함께하면 사람들에게 더 큰 도움이 될 것 같았다. 일단 1기만 운영해보자는 마음으로 대략의 커리큘럼만 가지고 프로젝트 멤버를 모집했는데, 80명 이상이 신청했다. '도움이 필요한 분들이 이렇게 많았구나'라는 사실을 깨달았다. 10명 정도만 함께할 계획이어서 나머지 70명에게는 함께하지 못해 죄송하다는 답변을 드리며 2기로 꼭 발전시키겠다고 약속했다.

그 약속을 지키려다 보니 더 많은 사람에게 도움을 주고, 더 체계적으로 운영하고 싶어 사업자 등록도 했다. 주부, 유튜버에 이어 1인 기업 대표라는 세 번째 직업을 갖게 되었다. 지금은 총 3개의 프로젝트를 진행하고, 강의도 하는 어엿한 대표다. 첫 프로젝트 시작부터 지금까지 약 120명과 함께했다. 내가 하는 프로젝트는 모두 가정 살림과 연결되어 있으니 120가정이 미니멀해진 셈이다.

이 일을 하기 전까지 나는 회사에 입사하거나 자격증을 따야만 일을 할 수 있다고 생각했다. 그래서 '회사를 다니면 출퇴근 시간이랑 애들 등하원 시간이랑 겹칠 텐데 어떡하지?' '야근이라도 하게 되면 애들은 누가 하원시키지?' '아이들이 아프면 누가 돌보지?' 등 이것저것 따지면서 나는 지금 아무것도 할 수 없다고 지레 포기했다. 지금은 막내를 집에 데리고 있으면서도 여러 가지 일을 한다. 유튜브 촬영도 하고, 프로젝트도 진행하고, 강의도 하고, 이렇게 책까지 쓰고 있다.

1만 시간의 법칙을 아는가? 어떤 분야의 전문가가 되려면 최소 1만 시간 정도의 훈련이 필요하다고 한다. 시간을 계산해보진 않았지만 미니멀라이프를 시작한 지 6년이 되었고, 그동안 꾸준히 관련 도서, 영상을 보며 연구하고, 내가 아는 미니멀라이프의 장점, 과정, 변화 등을 SNS, 유튜브, 강의 등으로 나눴다. 미니멀라이프는 관련 학과가 있는 것도 아니니, 현재는 '내가 바로 미니멀라이프 전문가가 아닐까?'라는 생각으로 책임감을 가지고 더 많은 사람들과 나누기 위해 노력하고 있다.

내 삶의
주도권이 생겼다

미니멀라이프를 하며 생활이 간소해질수록 더 편해지고 싶었다. '아무것도 하고 있지 않지만, 더 격렬하게 아무것도 하고 싶지 않다'는 말처럼 더 편해지고, 더 게을러지고 싶었다. 사람의 욕심, 본성이란 끝이 없었다. 그래서 살림 루틴을 만들기 시작했다. 쉬고 싶다면서 또 뭘 한다고? 의아한 사람도 있겠지만, 진짜다. 내가 편하고 여유로우려면 내가 하는 일을 힘들이지 않고도 할 수 있도록 루틴화하는 작업이 필요하다. 처음엔 불편했지만 지금은 외출 시엔 마스크를 꼭 챙기고, 외출하고 들어오면 손을 씻는 과정이 당연한 일상이 됐듯이, 내게도 그런 살림 루틴이 필요했다.

나의 첫 살림 루틴은 '매월 1일 생필품 교체하기'였다. 《이놈의 청소는 해도해도 끝이 없어》라는 책에 있던 팁 중 하나였는데, 따라 하기 쉬우면서도 도움이 되는 팁이라 우리 집에 바로 적용했다. 책에는 칫솔 교체에 대한 이야기만 나와 있었는데, 나는 우리 집 상황에 맞게 확장시키고, '매월 1일 살림'이라 이름 붙였다. 매월 1일 칫솔뿐 아니라 수세미를 교체하고, 공기청정기 필터 세척과 세탁조 청소를 한다.

나는 조금씩 루틴을 늘리기 시작했다. 루틴은 특정한 작업을 실행하기 위한 일련의 명령을 의미하기도 하는데, 'A를 하면 B도 한다'는 식으로 행동을 엮어서 루틴을 만들었다. 밥 먹으면 바로 설거지하기, 설거지하면서 싱크볼과 배수구도 하나의 큰 그릇이라 생각하고 함께 씻기, 양치하면서 세면대 주변 청소하기, 방에서 나올 땐 한 번 훑어보고 쓰레기도 함께 들고 나오기 등 실생활과 연결된 루틴들을 만들었다. 따로 시간을 내어 하는 행동이 아니라 다른 것을 하면서 같이하니까 시간적으로 더 여유가 생겼다. 그리고 이런 루틴들이 미니멀라이프를 유지하는 데도 큰 도움을 주었다.

요즘 나는 새벽 루틴도 만들었다. 집안일이 아닌 나를 위한 루틴이다. 지금은 새벽 기상과 루틴이 어렵지 않게 온전히 나만을 위한 것이지만 사실 습관화하기가 정말 어려웠다. 마음먹기도 힘들었고, 그 시간에 몸을 일으키는 것도 쉽지 않았다. 아이들을 재우고 난 후 갖는 조용한 밤 시간이 너무 좋았기 때문에 새벽 기상은 당연히 나와는 먼 이야기라고 생각했다. 첫 도전은 2주 정도 하다가 보기 좋게 실패했다. 내가 사랑하는 밤 시간은 그대로 보내면서 기상 시간만 당겼기 때문이다. 어떻게 해서든 일어나긴 했는데, 전체적인 수면 시간이 줄어드니 오후만 되면 굉장히 예민해지고, 울적한 마음까지 들었다. 그 예민함과 울적함은 곧바로 아이들과 남편에게 전해졌다. 이러려고 새벽 기상에 도전한 게 아닌데, 오히려 삶의 만족도가 더 낮아지자 새벽 기상을 포기했다.

그러다가 내가 좋아하는 서점에 새벽 기상과 관련된 책을 읽고, 실제 도전해보는 독서 모임이 있어 신청했다. 확실히 책을 읽으니 동기부여가 되었다. 이번엔 밤 시간을 포기하고 아이들이 자는 시간인 9~10시에 같이 잠자리에 누웠다. 미니멀라이프를 할 때 무언가를 비워야 원하는 공간을 얻을 수 있듯이, 시간 개념도 같다. 밤 시간을 포기해야 새벽을 얻을 수 있다. 정말 간절해서 잠을 줄이고 새벽과 밤을 모두 살아가는 사람도 있겠지만, 나는 두 마리 토끼를 모두 잡을 수 있는 사람이 아니었다. 선택과 집중이 필요했다. 나는 밤 시간을 포기하고, 새벽 시간에 집중하기로 결정했다.

요즘은 매일 오전 다섯 시에서 다섯 시 반에 일어나 스트레칭을 한다. 물을 마시고, 확언을 읽고, 성경을 필사한다. 그다음 시간은 상황에 따라 변동된다. 처음 새벽 기상에 도전했을 땐 독서를 했고, 얼마 전까지는 경제신문을 읽고 나만의 경제노트를 작성했다. 지금은 그 시간을 책 원고 쓰는 데 사용하고 있다. 여러 일을 하지만 한 가지 원칙은 있다. 오롯이 나를 위해 쓸 것.

자는 게 아까워서 점점 늦게 잠들고, 아침에 더 자고 싶은데도 아이들 등원 때문에 억지로 일어나던 삶에서 지금은 일찍 자고 일찍 일어나는 삶을 살고 있다. 아이들이 일어나기 전에 나를 위한 시간을 이미 보내고, 아이들 등원 전까지 집안일을 전부 마친다. 미니멀라이프 덕분에 정리할 물건도, 청소할 거리도 많이 줄어서 가능한 일이다. 아이들을 바래다주고 오면 깨끗하게 정돈된 집이 나를 기다리고 있다. 아이들이 하원해서 집에 오기 전까지 쉼도 누리고, 일도 한다. 이 시간은 아이를 한 명 키울 때나 세 명 키울 때나 똑같이 주어졌는데, 이제야 오롯이 누리는 느낌이다. 물건을 비운 공간을 나의 꿈으로 채운다. 이런 시간이 쌓이면 나는 더 발전하고, 더 나은 미래가 기다리고 있을 거라고 확신한다. 앞으로 나의 길은 또 어떻게 달라질지 모르지만, 나는 잘 할 수 있을 것 같다.

CHAPTER 2

100L
쓰레기봉투는
필요 없다

#환경

　　미니멀라이프나 정리법을 다룬 책을 보면 버리는 것에 대해 많이 이야기한다. 일단 100L 쓰레기봉투부터 준비하고, 온 집안을 돌아다니며 봉투를 채우라고 한다. 아마 '이때다!' 싶어서 쉽게 비우는 사람들도 있겠지만, 도대체 뭐부터 버려야 할지 감이 오지 않는 사람들도 있을 것이다. 또한 버린다는 말에 부담을 느껴 아예 미니멀라이프를 시작조차 하지 못하는 사람들도 있을 것이다. 나도 그중 한 사람이었다. 뭐부터 버리고, 무엇을 남겨야 할지 감이 오지 않았다. 비우겠다고 힘겹게 마음을 먹었는데도 막상 행동하는 건 또 어려웠다.

　　결국 멀쩡한 물건을 버릴 용기가 없어서 진짜 쓰레기부터 버리기 시작했다. 나에게 쓸모가 없는 물건은 전부 쓰레기라고 말하는 극강의 미니멀리스트들도 있지만, 나는 버려도 전혀 아깝지 않은 진짜 쓰레기부터 버린 게 미니멀라이프의 시작이었다. 퀴퀴한 냄새를 풍기는 음식물 쓰레기, 주방 한 구석에 가득 쌓여 있는 분리수거 쓰레기를 보자. 그리고 그것들을 버린 후 깨끗해진 주방의 모습을 상상해보자. 이것이 우리가 상상하는 주방의 모습, 언제든 요리하고 싶은 주방의 모습이 아닌가? 뭐부터 버려야 할지 모르겠다면 진짜 쓰레기부터 비우자. 어차피 버리려고 모아둔 것들이니 전혀 아깝지 않다. 오히려 쓰레기를 버린 후 홀가분함을 느낄 수 있다. 쓰레기만 제때 잘 버려도 집이 깨끗해지고 가벼워진다.

'버릴수록 행복해진다'는 말을 한 번쯤 들어봤을 것이다. 나도 이 말을 철석같이 믿고 더 빨리 비우고, 더 많이 비우려고 집중하던 시기가 있었다. 그런데 나는 진짜로 행복해졌을까? 내가 버린 물건들이 어딘가에 쌓이고, 누군가에게 고통을 주고 있다면, 나와 우리 집만 홀가분한 이 상황을 과연 행복한 삶이라고 할 수 있을까? 분리수거한 플라스틱 쓰레기들이 사실은 제대로 재활용할 수 없는 쓰레기라는 사실, 전국 곳곳에 있는 쓰레기산의 존재 등 환경문제를 알게 된 후부터는 버릴 때마다 자꾸만 죄책감이 들었다. 그래서 버리기 전에 나눔 등을 통해 올바르게 비울 수 있는지 한 번 더 생각한다.

더 나아가 버려지는 순간도 생각하며 물건을 구매하기 시작했다. 미니멀라이프를 하면서 하도 많은 물건을 버리다 보니 버리는 것도 쉽지 않다는 것을 깨달았다. 물건 살 땐 손가락으로 클릭 몇 번만 하면 되지만, 버릴 땐 그 이상의 에너지가 든다. 현대 사회를 살아가면서 쓰레기를 아예 안 만들 수도 없으니, 물건을 사야 할 때는 내 소비가 환경에 나쁜 영향을 덜 끼쳤으면 좋겠다고 생각한다.

택배 포장 쓰레기를 줄이기 위해 되도록 동네 마트를 이용하고, 장바구니를 가져가서 처음부터 비닐봉지라는 쓰레기를 만들지 않는다. 텀블러, 면생리대, 다회용품을 사서 일회용품 사용을 줄인다. 물건의 포장 상태도 본다. 깨지거나 뭐가 묻는 것도 아닌데 에어캡이나 비닐로 싸여 있는 이중 포장 제품보다는 필요한 내용물만 들어 있는 단일 포장 제품을 산다.

이마저도 힘들다면 재사용이 가능한 제품을 사려고 노력한다. 다 쓴 유리 공병을 세척해서 가져가 적립금을 받고, 병을 재사용하는 친환경 매장을 찾는다. 세탁 세제 용기가 일정 개수 이상 모이면 직접 수거해서 재사용하는 업체도 있다. 영 상황이 여의치 않을 때는 물건에 붙어 있는 비닐이나 스티커 제거 여부, 친환경 포장 등을 비교해 분리배출이 쉬운 제품을 구매한다. 이도저도 귀찮다면 자주 사용하지 않을 물건이나 먹지 않을 음식 등은 공짜라도 애초에 받지 않는 것도 환경을 보호하는 길이라고 생각한다.

한 번 사면 오래도록 사용할 수 있고, 나에게도 환경에도 해가 되지 않는 물건을 사용하려고 더 노력한다. 필요 없는 물건을 비우는 것만이 아닌, 이미 내게 들어온 물건을 끝까지 사용하고 제대로 분리배출을 하는 것도 내가 생각하는 올바른 비움이다. 미니멀라이프는 삶에서 결국 소중한 것들만 남기자는 것이 가장 큰 목표인데, 소중한 물건을 쓰는 것만이 아니라 버릴 때 잘 보내주는 것까지가 전체 과정이다.

처음 미니멀라이프를 실천할 때는 나와 우리 가족을 위해서 했다. 우리 집, 그리고 나와 우리 가족에게 생기는 변화들이 좋았다. 지금은 더 나아가 환경을 위한 삶을 산다고 생각한다. 이 작은 집에서도 지구와 내 아이들의 미래를 위해 무언가 하고 있는 셈이다. 환경문제는 더 이상 대단한 열의를 가진 특별한 사람들만의 일이 아니라 우리 모두가 노력해야 하는 일이다. 그리고 나처럼 평범한 사람들도 올바른 비움, 작은 변화만으로도 환경에 도움이 되는 살림을 얼마든지 할 수 있다고 말해주고 싶다. 환경에 죄책감을 느끼는 미니멀라이프가 아닌, 환경을 살리는 미니멀라이프가 여기 있다.

약도 결국
화학 약품이다

#약   #유통기한

#환경보호

우리 집 비상상비약은 모두 구급약 통에 보관하는데 어느 날 보니 구급약통이 꽉 차서 뚜껑이 닫히지 않았다. 어쩔 수 없이 다 꺼내서 테트리스를 하듯 다시 넣다가 우연히 약 상자에 적혀 있는 유통기한을 봤다. 그전까진 약에 적혀 있는 유통기한을 주의 깊게 본 적이 없었고, 한 번 사면 몇 년 동안 사용하며 크게 신경 쓰지도 않았다. 아이가 태어난 후 약 처방을 자주 받으며 그나마 아이가 먹는 약들만 신경 쓰는 정도였다.

'얼마 전에 산 것 같은데, 이렇게 오래됐다고?' 찬찬히 살펴보니 유통기한 지난 약이 꽤 많았다. 그중에서도 유통기한이 2년이나 지난 알약은 정말 충격이었다. 병원보다는 약국 가기가 쉬우니 아플 때마다 가서 약을 샀다. 집에 있는 약을 찾아볼 생각은 하지 않고 그때마다 증상을 말하며 사왔더니 중복되는 약도 많았다. 우리 집이 약국도 아닌데, 도대체 밴드가 몇 개고 진통제가 몇 통이나 있는 건지….

우리 집만 이런 걸까 싶어서 주변에 물어보니 아이와 관련된 약은 아이 방에, 자주 쓰는 연고는 화장대에 두고, 상비약은 또 다른 곳에 보관하고 있어 집에 무슨 약이 있는지 정확히 모른다는 지인도 있었다. 아마 지인도 약을 한데 모으면 우리 집처럼 유통기한이 지나거나 중복되는 약을 우르르 발견할 것이다.

약은 건강과 직결되기 때문에 특히나 유통기한이 중요한데, 모르고 먹거나 사용할 뻔했다고 생각하니 아찔했다. 아파서 먹은 약이 오히려 더 큰 병을 불러올 뻔했다. 그래서인지 유통기한이 지난 약은 비우기가 어렵지 않았다. 이건 무조건 비우는 게 맞기 때문에 아깝고 말고 할 문제가 아니었다. 중요한 것은 어떻게 버리느냐였다.

약은 우리 몸을 구해주는 존재이지만 잘못 버린 약은 환경을 해치기 때문에 올바르게 비워야 한다. 폐의약품은 '생활계 유해 폐기물'로, 약국이나 보건소의 폐의약품 수거함에 배출해야 한다. 일반 쓰레기로 버리거나 하수구에 흘려 보낼 경우 토양, 수질 등 환경오염의 주범이 된다. 또한 약의 항생제 성분이 동식물의 유전자에 작용해 생태계를 교란시킬 수도 있다. 그런 동식물이, 그런 환경 변화가 우리 삶에 어떤 영향을 끼치는지는 이미 모두가 알고 있지 않은가. 더 이상 이런 상황을 반복하지 않기 위해 약 하나라도 올바르게 비워야 한다. 큰맘 먹어야 비울 수 있는 물건들보다도 이렇게 유통기한이 지난 약, 작은 약통부터 정리하는 것이 미니멀라이프의 좋은 시작이 될 수 있다.

구급약 통은 평소 보이는 곳에 두지 않기 때문에 자칫하면 관리가 소홀해질 수 있는데, 건강과 직결된 만큼 주기적으로 확인해야 한다. 그래서 나는 약통에서 약을 꺼낼 일이 있을 때마다 함께 들어 있는 약의 유통기한을 확인하며 그때그때 정리한다. 그리고 이제는 약이나 연고를 살 때 가장 작은 용량으로 구매하는데, 상비약은 자주 사용하는 게 아니니 관리 면에서 그게 좋은 것 같다.

유통기한이 지난
약 비우는 법

알약 : 포장된 종이 상자, 껍질 등을 제거한 후 내용물만 봉투에 담아 모은다.
가루약 : 날림 현상이 있을 수 있으니 뜯지 말고 포장지 그대로 모은다.
물약&시럽 : 한 용기에 모으고, 양이 많은 경우에는 페트병에 모은다.
기타 약품 : 스프레이, 연고, 안약 등 특수 용기에 담겨 있는 경우에는 무리하게 내용물을 비워내려 하지 말고 그대로 약국이나 보건소의 폐의약품 수거함으로 가져간다.

무심코 사용한 물건이
'바디버든'을 높인다

#반찬용기   #플라스틱

#유리용기

2017년 3월 〈SBS 스페셜〉에서 방영한 '바디버든' 편을 보고 충격을 받았다. '바디버든'은 일정 기간 동안 체내에 쌓인 유해물질의 양을 말하는데, 우리가 무심코 사용했던 물건을 통해 내 몸에 쌓인 바디버든이 호르몬에 각종 영향을 준다는 내용이었다. 나도 몸이 아파서 큰 수술을 받은 경험이 있고, 이젠 아이도 키우다 보니 모른 척 지나칠 수 없는 문제였다.

방송을 보고 건강을 위해서라도 플라스틱 제품을 줄여야겠다고 생각하자, 우리 집 주방 상부장에 가득한 플라스틱 반찬용기가 가장 먼저 떠올랐다. 값이 저렴하고, 가볍고, 간단한 식재료를 보관하기 편해서 자주 사용했던 그 용기 말이다. 그간 플라스틱 반찬용기를 쓸 때마다 약간 찝찝하면서도 '뭐, 큰 문제 되겠어?'라는 생각으로 계속 사용했던 터였다. 방송을 보고나서야 조금의 미련도 없이 비우고 싶은 마음이 들어 그 자리에서 바로 재활용함에 넣었다. '다음 날 해야지' 하고 미루다 보면 사람의 마음이란 게 또 바뀔 수도 있으니 마음먹었을 때 바로 실행했다.

처음에는 우리의 편의를 위해 만들어졌겠지만, 결과적으로 우리 건강에 해가 된다면 더 이상 갖고 있을 이유가 있을까. 플라스틱 반찬용기를 스테인리스, 유리 용기로 하나씩 바꾸고 있다.

플라스틱 용기를 비우고 나니 신혼 때 구매한 유리용기 한 세트만 남았는데, 한 가지 마음에 걸리는 부분이 있었다. '혹시 깨지면 아이들에게 위험하지는 않을까.' 유리용기가 건강과 환경에 더 좋은 것은 사실이지만 아무래도 플라스틱처럼 가볍지는 않으니 위험할 것 같았다. 그래서 추가로 필요한 반찬용기를 구매할 때는 떨어져도 깨질 위험이 없고, 무게도 가벼워서 아이들이 같이 써도 되는 소재를 골랐다. 지금은 유리, 법랑, 스테인리스, 실리콘 재질의 용기를 사용한다.

신혼 때 구매한 냉동실 정리 용기는 아직 사용 중인데, 이미 있는 것이니 잘 관리해 사용하고 앞으로는 플라스틱 반찬용기도, 정리 용기도 더는 구매하지 않으려고 한다. 지금은 생활의 모든 부분에서 플라스틱 소재를 멀리하려고 노력하는데, 플라스틱 반찬용기를 비운 날이 그 시작인 셈이다.

주는 대로?!
기업이 줄 것은 소비자가 정한다

(#주거)   (#플라스틱)

(#스테인리스주걱)

플라스틱 반찬용기를 비우자, 자연스럽게 주걱도 눈에 들어왔다. 밥솥을 구매할 때 들어 있던 플라스틱 주걱을 몇 년째 쓰고 있었다. 플라스틱 소재가 뜨거운 온도에 노출되면 환경호르몬이 나온다는데, 그동안 플라스틱 주걱으로 갓 지은 밥을 펐다고 생각하니 매우 찝찝했다. 최근 많은 플라스틱 제품들이 BPA Free(내분비계의 정상적인 기능을 방해하는 물질인 비스페놀A가 검출되지 않은 친환경 제품)라며 환경호르몬을 걱정하지 않아도 된다고 홍보하지만, 내가 결혼할 당시, 그것도 밥솥의 구성품으로 들어 있던 주걱을 과연 얼마나 신경 써서 만

들었을까 싶었다. 마침 바디버든 관련 방송을 본 후라 건강 걱정이 최고조였다. 안절부절못하며 지나간 시간을 후회하는 대신 빨리 비우고 건강에 좋은 물건을 쓰는 게 답이라 여기며 주걱을 노려봤다.

선물 받아 나중에 쓰려고 아껴둔 스테인리스 주걱을 꺼냈다. 없어서 그랬다면 모를까, 집에 이미 좋은 것이 있는데도 아무 생각 없이 플라스틱 주걱을 써 왔던 내가 잠깐 바보 같았다.

비단 주걱만 그런 것이 아니다. 두유 팩에 붙어 있는 플라스틱 빨

아낀다고 아무거나 쓰는 것보다 건강과 환경을 위해 잘 쓰는 게 중요하다. 흔한 플라스틱 주걱 대신 스테인리스 주걱을 쓰기 시작했다.

대 또한 처음부터 그렇게 제공되니까 아무 생각 없이 써왔던 물건 중 하나다. 두유를 마실 때 비닐로 개별 포장된 빨대를 뜯어서 팩에 꽂아 마시는 게 너무나도 자연스러웠고, 환경문제에 관심이 생기기까지는 기업에서 제공되는 이런 물건들이 문제라고 전혀 인식하지 못했다. 그러나 '저는 두유를 샀지, 빨대를 산 적은 없습니다'라는 문구와 함께 빨대만 따로 모아서 기업에 다시 돌려보내는, 좀 더 적극적으로 행동 하는 사람들을 보면서 빨대도 내가 선택해서 받은 게 아니라는 사실 을 깨달았다. 더군다나 빨대는 재질이 얇고 작아서 재활용되지 않는 데, 그런 플라스틱을 사용하지 않을 선택권도 없었던 것이다.

한순간에 기업들이 소비자에게 선택권을 돌려주기는 힘들 것이다. 그렇다고 그냥 주어지는 대로 아무런 생각 없이 사용하는 소비자가 되고 싶진 않다. 나부터라도 당연한 것을 당연하게 여기지 않는 태도 가 우리 모두에게 가장 중요한 것 아닐까.

썩는 모습을 보니
안심이 된다

(#칫솔) (#플라스틱)

(#대나무칫솔)

마음먹었을 때 바로바로 비우는 것이 미니멀라이프를 시작하는 좋은
방법이라고 믿지만, 오래 시간을 들여 바꾼 아이템이 하나 있다. 바로
칫솔이다. 지금은 대부분 재고가 떨어져야 새로 구매하는 편이지만
칫솔만은 예전도, 지금도 그렇지 않다. 우리 집은 매월 1일마다 온 가
족의 칫솔을 새것으로 교체하는데, 특히 아이들 칫솔은 칫솔모가 더
쉽게 망가지고, 유치원에도 가져가야 하니 늘 대량으로 준비해둔다.
미니멀라이프를 시작하기 전에도 당연히 구매해 둔 플라스틱 칫솔이
한가득 있었다. 집에 있는 모든 플라스틱 칫솔을 처분하고 당장 환경

에 좋다는 대나무 칫솔로 교체하고 싶은 마음도 들었지만, 집에 사둔 것을 쓰지 않고 무조건 새로 구매하는 것은 내키지 않았다. 나에게 들어온 물건을 마지막까지 잘 쓰고 올바르게 분리배출하는 것이 올바른 미니멀라이프라 생각하기 때문이다. 플라스틱 칫솔을 사용한 다음 교체하느라 대나무 칫솔로 바꾸기까지는 몇 달의 시간이 걸렸다.

플라스틱 칫솔을 전부 비운 날을 잊을 수 없다. '대나무 칫솔의 손잡이는 어떤 느낌일까? 양치할 때마다 나무 향이 나려나? 나무 가시 때문에 입 안이 다치지는 않을까?' 하는 호기심을 가지고 대나무 칫솔을 구매했던 터였다. 그리고 나의 고민들이 무색할 만큼 사용감의 큰 차이를 느끼지 못했다. 아이들도 별다른 거부감 없이 잘 받아들인 것을 보면 나 혼자만 칫솔 바꾸는 일을 두고 여러 걱정을 했던 것 같다.

대나무 칫솔을 사용한 후 물기를 탈탈 털어주지 않거나 물이 고여 있는 곳에 놔두면 간혹 손잡이 끝 부분이 썩기도 한다는데, 나는 그 부분이 참 좋았다. 플라스틱 칫솔은 썩는 데 500년이나 걸리는 데다, 놀랍게도 플라스틱 칫솔이 발명된 이후 지금까지 단 하나의 플라스틱 칫솔도 썩지 않았다고 한다. 그런데 대나무 칫솔은 눈 앞에서 썩는 모습을 볼 수 있으니 이 얼마나 환경친화적인가. 물론 사용 후 물기도 잘 털어주고, 칫솔꽂이에 잘 걸어두면 사용하는 동안 썩는 모습은 보기 힘드니 그 부분은 걱정하지 않아도 된다. 나도 이미 사용하고 교체한 칫솔을 청소용으로 따로 모아뒀다가 썩는 것을 봤을 뿐이다.

다 쓴 칫솔은 욕실이나 주방 청소를 할 때 한 번 더 재사용한다. 칫솔모가 작고 튼튼해서 수전을 닦거나 싱크대 틈새를 닦을 때 정말 편하다. 보통 청소도구는 플라스틱 손잡이로 만들어진 경우가 많은데, 이렇게 다 쓴 칫솔을 활용하면 청소도구를 하나라도 덜 살 수 있고 그만큼 플라스틱 소비를 줄일 수 있어 좋다.

환경에 관심을 가지고 집에 있는 수많은 플라스틱 제품을 비우면서 느낀 점은 정말 간단한 변화만으로도 환경에 도움을 줄 수 있다는 사실이다. 꼭 환경운동가이거나 환경분야 전문가일 필요는 없다. 플라스틱 칫솔을 대나무 칫솔로 바꾸는 것만으로도 아주 쉽게 환경보호를 실천할 수 있다.

플라스틱 칫솔이 발명된 이후 지금까지 단 하나의 플라스틱 칫솔도 썩지 않았다고 한다. 이 대나무 칫솔들은 자연스럽게 사라질 테니 마음이 편하다.

플라스틱의 모습은
다양하다

(#일회용랩) (#비닐장갑) (#지퍼백)

(#다회용랩) (#손) (#상상을현실로)

최근 들어 플라스틱에 대한 사람들의 경각심이 높아졌다. 뉴스나 다큐멘터리에서도 환경문제의 심각성을 지속적으로 전하고 있고, 배달음식, 택배 사용의 증가로 그만큼 플라스틱 쓰레기를 많이 목격하기 때문이다. 환경문제를 인식하고 조금씩 변화하려는 사람들이 늘고, 나 또한 미니멀라이프를 실천하면서 최대한 플라스틱을 안 쓰려고 노력하고 있지만, 한편으론 아직도 많이 부족하다.

EBS 〈다큐 시선〉 '플라스틱 없이 살아보기' 편을 본 후, 많은 쓰레기들 중에서도 특히 플라스틱 문제가 가장 심각하다는 사실을 알게 되었다. 생수병이나 아이들 장난감뿐 아니라, 우리가 알게 모르게 쓰는 모든 제품에 플라스틱이 들어간다는 충격적인 사실도 배웠다. 그러고 나서 주방을 바라보자 그동안 자각하지 못했을 뿐 우리 집에도 플라스틱 제품이 참 많다는 것을 비로소 알게 되었다.

주방 서랍을 열어보니 플라스틱이 원료인 일회용랩과 비닐장갑, 지퍼백, 일회용품 삼총사가 바로 눈에 들어왔다. 일회용랩은 사과나 양파를 랩에 싸서 보관하면 신선함이 오래 유지된다고 해서 일부러 랩커터기까지 구매해서 쓰고 있었다. 비닐장갑과 지퍼백도 요리를 하거나 재료를 소분할 때 아무런 죄책감 없이 당연하게 사용했다. 엄연히 마트 생활용품 코너의 한자리를 차지하고 있을 정도니 살면서 일회용품을 한 번도 안 써본 사람은 아무도 없을 것이다. 나 또한 이것들을 주방 살림을 편하게 만들어주는 주방 필수품이라고 생각했다. 단 한 번도 일회용품 없는 주방을 상상해본 적이 없었다.

분명 어제까지는 나에게 편리함을 준 생활필수품이었는데, 플라스틱 관련 다큐멘터리를 보고 난 후엔 전혀 당연하지 않은 물건들로 보였다. 그래서 집에 있는 일회용품을 다 사용하고 나면 더는 사지 않거나 새로운 대체품을 찾아보기로 마음먹었다. 그동안 일회용품의 편리함을 너무나도 잘 누려왔기에 쉽지 않을 것을 알았지만, 이건 쉽고 말고의 문제가 아니라 더는 환경이 오염되지 않도록, 우리 미래를 위해 꼭 해야만 하는 일이었다.

지금은 일회용랩 대신 실리콘으로 만든 다회용랩을 사용하고 있고, 비닐장갑 대신 조리 도구를 사용하거나 손을 깨끗이 씻은 후 식재료를 만지고 있다. 자투리 야채를 담거나 음식을 소분할 때도 지퍼백 대신 반찬용기를 적극 이용하고 있다. 내가 할 수 있는 선에서 조금씩 노력하다 보니, 상상도 해본 적 없던 일이 현실이 되고 있다.

일회용랩, 비닐장갑과 지퍼백이 없는 주방을 상상해본 적 없는데, 현실로 만들었다.

내 손과 마음에
가장 어울리는 수세미

수세미 유목민이었던 나는 그물수세미, 스펀지수세미, 아크릴수세미 등 좋다는 수세미는 종류별로 구매해서 써봤다. 그것도 모자라 내가 원하는 색상과 크기로 만들어서 쓰겠다며 수세미 실을 사다가 직접 뜨개질까지 했다. 그러다가 한때 정착한 것이 바로 일회용수세미였다. 사용감에도 큰 문제가 없었고 특히 위생적인 면에서 좋다는 말에 꽤 오래 사용했다. 하루에 한 장씩 뜯어서 쓰고, 마지막에는 싱크대 청소까지 하고 버리며 수세미 한 장을 정말 알뜰하게 사용했다.

환경문제에 관심을 가지기 시작하면서 수세미에서도 미세플라스틱이 나온다는 사실을 알게 되었다. 설거지를 할 때마다 수세미 입자에서 미세플라스틱이 조금씩 뜯겨져 나와 하수구로 흘러가고, 그걸 강에 사는 생명들이 먹어 여러 문제가 발생한단다.

미세플라스틱은 치약이나 화장품에 작은 알갱이 형태로 들어가 있기도 하고 플라스틱 제품이 부서지면서 생기기도 하는데, 작아도 너무 작아서 하수처리시설에 걸러지지 않고, 바다와 강에 그대로 유입된다고 한다. 플라스틱의 위험성을 알면 결국 미세플라스틱도 무시할 수 없다. 집에 있는 수세미를 다 사용한 후에는 천연수세미에 도전해보기로 했다.

천연수세미는 수세미 열매를 건조한 후 껍질을 벗긴 것이다. '기름기는 잘 닦일까? 사용하는 데 번거롭지는 않을까? 너무 딱딱하진 않을까?' 등 써보기 전에는 천연수세미에 대한 의문이 많았는데, 한 번 사용해보자마자 그 모든 의문이 해결되었다. 물에 적시니 딱딱했던 수세미가 금세 부드러워졌고, 거품도 잘 나서 일반 수세미를 사용할 때와 사용감에 차이가 없었다.

천연수세미는 다양한 용도에 맞게 여러 형태로 잘라서 쓸 수 있는데, 짧게 자르면 비누받침으로 쓰기 좋다. 수세미 위에 비누를 올려두고 쓰면 비누가 쉽게 물러지지 않는다. 그릇 설거지용으로 쓸 때는 보통 길게 통으로 자르거나 심을 잘라내고 단면을 펼쳐서 쓰는데, 이건 선호에 맞게 사용하면 된다. 나는 처음에는 건조가 빠르고, 음식물이 잘 끼지 않는다는 점이 좋아서 심을 잘라내고 단면을 펼쳐 얇은 수세미로 사용했는데, 요즘은 손에 두툼하게 잡히는 느낌이 좋아서 길게 통으로 잘라서 사용하고 있다.

천연수세미를 사선으로 자르면 처음에 언급한 짧게 자르는 방법보다 더 넓은 면적의 수세미를 쓸 수 있는데, 끝이 뾰족하기 때문에 싱크대나 욕실 틈새를 청소하기에도 좋다. 마지막으로 세로로 자르면, 심은 거칠고 겉은 부드러워서 다양한 용도로 사용할 수 있다. 거친 심이 있는 면은 냄비 바닥이나 싱크대를 박박 닦을 때 좋다.

이렇게 천연수세미는 다양한 용도에 맞게 여러 형태로 잘라서 쓸 수 있고 가격까지 저렴하니 일석이조다. 게다가 미세플라스틱 걱정이 없으니 환경에 대한 죄책감도 줄일 수 있다. 지금은 천연수세미의 매력에 푹 빠져서 다시는 일회용수세미를 쓰던 시절로 돌아가지 않는다. 편하다는 이유로 일회용수세미를 사용했는데, 정말 편했는지 의문이 들 정도다.

천연수세미
자르는 법

짧게 자르기 : 비누받침용으로 사용하기 좋다.

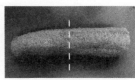

길게 (통으로) 자르기 : 두툼하게 잡히는 느낌이 좋다.

심을 잘라내고 단면 펼치기 : 건조가 빠르고, 음식물이 잘 끼지 않는다.

사선으로 자르기 : 뾰족한 끝으로 틈새 청소하기에 좋다.

세로로 자르기 : 거친 면, 부드러운 면을 가진 양면 수세미로 사용할 수 있다.

재사용도 결국은
플라스틱의 굴레다

(#주방세제) (#핸드워시)
(#플라스틱비닐) (#고체비누)

일회용수세미를 천연수세미로 바꾸면서 설거지를 한 번 하더라도 내가 환경을 위해 무언가 하고 있다는 생각이 들어 기분이 참 좋았다. 일상을 꾸리기 위해 하는 행동이 삶과 지구의 일과도 연결되어 있다는 사실이 신기하기도 했다. 당연하게 여기던 나의 일상을 돌아보는 계기도 되었다.

그러면서 새롭게 발견한 것이 바로 주방세제와 핸드워시 용기다. 좋은 성분의 세제를 쓰겠다며, 이 브랜드 저 브랜드, 1종인지 2종인지 따져가며 열심히 비교했는데, 정작 그 세제를 담고 있는 용기가 플라스틱이라는 사실은 그간 전혀 자각하지 못했다. '플라스틱이어도 재사용하면 괜찮지 않나?'라는 의문을 가질 수도 있는데, 용기를 재사용하려면 리필 세제를 사야 하고 그 리필 세제 또한 플라스틱 비닐에 들어 있다는 게 문제다. 결국 플라스틱 용기를 재사용해도 리필 세제를 쓰면 다시 플라스틱을 구매하는 악순환의 굴레에 갇힌다.

이 악순환을 깨기 위해 비누를 알아보기 시작했다. 비누는 보통 종이 상자에 별다른 포장 없이 비누 딱 하나만 들어 있다. 생각해보면 예전에는 친구 집에 놀러가거나 공공장소에 가더라도 늘 비누가 있었는데, 어느 순간부터 비누 대신 핸드워시를 더 흔히 접하게 됐다. 그러면서 은연중에 비누보다 핸드워시가 사용하기 편하다고 생각했다. 부끄럽지만 비누를 쓰면 촌스럽고, 핸드워시를 쓰면 세련됐다는 생각을 한 적도 있다. 이런 생각이야말로 촌스럽다는 것을 알게 된 지금은 집에 있는 액체 주방세제와 핸드워시를 다 쓰고 난 후, 고체 비누를 사용하고 있다. 액체 주방세제는 고체 주방비누로, 욕실에서 쓰는 핸드워시와 바디워시, 클렌징 제품도 모두 비누로 바꿨다.

보통 바디워시, 클렌징 제품, 샴푸 같은 욕실용품을 비누로 바꾸면 피부가 더 건조하다거나 노폐물이 잘 씻기지 않을 것 같다고 오해하는데, 그렇지 않다. 비누도 어떤 재료가 들어갔는지에 따라 기능이 다르고, 용도나 피부 타입에 맞춰 다양하게 나온다. 나에게 더 잘 맞는 화장품이 있듯이, 비누도 나에게 더 잘 맞는 비누가 있다.

나는 현재 클렌징 비누와 바디용 비누를 쓴다. 샴푸는 아직 사둔
게 있어서 계속 사용 중인데, 집에 있는 걸 다 쓰면 샴푸용 비누에도
도전해보고 싶다. 원래부터 남편은 비누 하나로 머리부터 발끝까지
씻던 사람이고, 남편의 영향으로 아이들도 전부 비누로 씻기 때문에
우리 집에서 샴푸를 쓰는 사람은 나밖에 없으니 나만 실천하면 된다.
의도치 않았지만 결과적으로 욕실에서만큼은 미니멀라이프, 환경보
호를 실천하고 우리 가족에게 영향을 끼친 남편의 공로를 인정하는
바다.

주방세제와 핸드워시를 액체에서 비누로만 바꿨을 뿐인데, 더 이
상 플라스틱 쓰레기가 나오지 않는다. 게다가 액체 세제를 다 쓰고 난
후 플라스틱 용기를 헹구고, 말려서 분리배출하는 수고도 더는 필요
없다. 비누는 사용할 때마다 점점 작아져서 다 사용하고 나면 자연스
럽게 사라지니 일상이 더 편해졌다. 내가 할 일은 다 써서 비누가 없
어지면 새 비누로 교체하는 것 정도다. 비누가 들어 있던 종이 상자는
씻고 말릴 필요 없이 그대로 종이류에 버리면 되니, 일이라는 생각도
들지 않는다.

미니멀라이프를 할 때
가족들도 잘 참여하나요?

처음부터 호의적이진 않았어요. 저 또한 미니멀라이프를 알기 전엔 맥시멀한 생활을 당연하게 여겼고요. 하지만 점점 변하는 집의 모습, 제가 꾸준히 실천하는 모습을 보며 가족들도 조금씩 마음을 열고 변화를 받아들인 것 같아요. 나는 좋다는 걸 알아도 가족들은 마음의 준비가 필요할 수도 있으니 강요하기보다는 내 물건, 내가 마음대로 해도 되는 공간부터 하나씩 시작하면서 변화를 보여주세요. 칭찬과 격려도 듬뿍 해주시고요.

버리려고
분리수거하는 것이다

(#분리수거함)   (#비닐)
(#자주버리기)

기존에 쓰던 분리수거함은 플라스틱 뚜껑에 비닐을 끼워서 쓰는 형
태였다. 너무 저렴한 걸 사서 그런지 오래 써서 그런지, 비닐을 끼워
서 고정하는 부분이 덜렁거리더니 결국 부러지고 말았다. 아쉬운 마
음도 없이 이 기회에 깔끔하고 디자인도 예쁜 분리수거함을 새로 구
매할 생각에 신이 났다. 디자인, 가성비, 편리성 등 여러 가지 기준으
로 합리적인 소비를 하기 위해 몇 날 며칠을 검색하다가 문득 이런 생
각이 들었다. '쓰레기는 버려야 하는 건데, 왜 나는 모으려고 하지?'
　국어사전에 나온 '쓰레기'의 뜻은, '비로 쓸어 낸 먼지나 티끌, 또는

못 쓰게 되어 내다 버릴 물건이나 내다 버린 물건'을 뜻한다. 사전에
도 나와 있듯이 쓰레기는 모으는 게 아니라 내다 버리는 거다. 그런데
나는 내다 버릴 쓰레기를 위해 예쁜 분리수거함을 찾느라 종일 핸드
폰을 붙잡고 있던 셈이다. 그 사실을 깨닫고는 쓰레기를 베란다에 차
곡차곡 쌓아두지 말고 좀 더 자주 버릴 생각으로 아예 분리수거함 없
이 살아보기로 했다. 요일제로 분리수거장을 운영하는 곳도 있지만,
내가 살았던 아파트는 분리수거장을 상시 열어 뒀기 때문에 가능한
일이기도 했다. 접이식 장바구니나 재활용 박스에 담아두었다가 외
출할 때마다 갖다 버리면서 말 그대로 쓰레기를 모으지 않았다.

그렇게 4년 가까이 분리수거함 없이 지냈는데, 최근 이사 온 아파
트는 주말에만 분리수거장을 운영한다. 이전처럼 자주 버리지 못하
니 분리수거함을 사야 하나 고민하고 있다. 분리수거함이 없던 시절
베란다 공간을 넓게 쓰던 기쁨을 알기 때문에 쉽게 들이지 못하고 지
금까지 고민만 하고 있다. 꼭 필요하다는 확신이 들 때까지는 일단 재
활용 박스 하나로 공간을 한정해 두고 이대로 살아보려고 한다. 꼭 필
요하면 그때 사면 되니까. 분리수거함은 대부분 박스보다 크기가 커
서 자리를 많이 차지하는데, 그만한 분리수거함이 들어오면 그에 맞
춰 쓰레기가 더 쌓일 게 뻔하다. 또 분리수거함 관리에 자신도 없다.
분리수거함 내부를 깨끗하게 쓰려면 비닐을 끼워서 써야 하는데, 플

라스틱 비닐을 쓰지 않기 위해선 분리수거함 내부를 닦아주고, 말리는 일련의 과정이 필요하기 때문이다.

예전 같으면 이사 온 집에 맞춰서 이것저것 구매했을 텐데, 지금은 최대한 사지 않고 더 비워보려고 노력하고 있다. 아예 안 쓰고, 안 사겠다는 것이 아니라 꼭 필요해지면 그때 사도 늦지 않다고 생각하니 지금 있는 것을 더 활용해볼 수 있어서 좋다.

**두 달 전에 버린 물건이 갑자기 필요해졌을 때,
'괜히 버렸어' 말고 어떤 마음을 가져야 할까요?
결국 다시 샀어요.**

이미 버린 물건은 후회해도 소용 없잖아요. 저라면 그냥 그 물건과 나의 인연은 거기까지였다는 걸 쿨하게 인정하고, 새로 구매해서 그 때부턴 정말 소중하게 사용할 거예요. 그 물건을 버림으로써 그게 나에게 얼마나 필요한지 알게 된 계기가 되었잖아요. 앞으로는 그 물건을 보면서 '비울까? 말까?' 더 이상 고민할 일은 없을 테니 좋은 경험이었다 생각해요.

CHAPTER 3

돈 쓴 보람을
오래 느끼는 법

#절약

지인이 내게 "미니멀라이프하고 절약하면서 살면 힘든 점은 없는지" 물었다. 아마도 그 지인의 눈에는 미니멀라이프와 절약하는 생활이 갖고 싶은 것도 못 사고 참아야 하는, 혹은 뭐든 아끼며 살아야 하는 생활처럼 보였을 테다. 나도 미니멀라이프를 처음 접했을 때 신선한 충격과 함께 궁금한 점이 많았기 때문에 그 지인의 호기심이 충분히 이해됐다.

내가 미니멀라이프 실천 초기에 읽었던 책 중 하나가 일본 미니멀리스트인 사사키 후미오의 《나는 단순하게 살기로 했다》였다. 작가는 6평 원룸에 매트리스 하나, 욕실에는 비누 하나와 수건 하나, 식기는 1인용만, 옷은 사복의 제복화(스티브 잡스가 늘 청바지에 검정색 터틀넥을 입듯이, 같은 옷만 입는 것)를 실천하며 극강의 미니멀라이프를 사는 사람이었다. 작가의 집을 사진으로 처음 봤을 땐 '이게 정말 가능해? 여기서도 생활이 가능하다고? 이렇게 살면 오히려 삶의 질이 떨어지지 않나?'라고 생각할 정도로 믿기지 않았다. 동시에 마음 한편에서는 '이렇게 살면 청소는 편하겠다'라는 생각도 들었다. 우리 집은 정리를 해도 금세 어질러져서 늘 청소 스트레스를 받았는데, 그 사람은 물건 때문에 받는 스트레스가 없어 보였다. 얼마나 신기하고 한편으론 부러웠던지, 작가의 방 사진을 몇 번이나 들여다봤던 기억이 난다.

내가 SNS에 올리는 사진을 보고도 비슷한 질문을 하는 사람이 많다. "미니멀라이프를 하시는 분들은 사고 싶은 것, 먹고 싶은 것이 있어도 전부 참으시는 거죠?" "미니멀라이프를 하면서 소비가 줄어들면 생활이 더 불편하지 않나요?" "저 ○○이 너무 사고 싶은데, 안 되겠죠?"라고 말이다. 그러나 나는 생각 없이 소비하며 맥시멀한 삶을 살았을 때보다 미니멀라이프를 하고 절약하며 사는 지금이 더 풍족하고 여유롭다. 그 여유는 물건을 구매하는 데 드는 시간이 줄어들며 생긴 시간적 여유이기도 하지만, 실제로 생활비가 매달 줄면서 생긴 재정적 여유이기도 하다.

그때그때 나의 무료함을 달래기 위한 가짜 소비가 아니라 내가 진짜 원하는 게 무엇인지, 지금 나에게 필요한 건 무엇인지를 알고 그에 맞게 진짜 소비를 하니 자연스럽게 생활비가 줄었다. 힘든 일이 있을 때 술을 마시면 잠깐 기분이 나아지지만, 문제가 해결된 게 아니니 술에서 깨면 다시 괴로운 것처럼, 가짜 소비를 할 때는 잠깐 만족할 뿐 돈은 돈대로 쓰면서 전혀 행복하지 않았다. 옷장에 입을 옷이 충분한데도 계절이 바뀌면 새옷을 한 벌 더 사고 싶었고, 지금 쓰는 제품이 고장난 것도 아닌데, 새 제품이 나오면 바꾸고 싶었다. 계절은 매해 바뀌고, 신제품도 계속 출시되니 결국 불만족스러운 상태가 반복되었다. 지금 생각하니 우리 집이 부자도 아니고, 내가 쇼핑 중독인 것도 아니었는데 왜 그렇게 물건을 못 사서 안달이었을까 싶지만, 나에게도 그런 과거가 있었다. 이미 집에 물건이 많은데도, 그 하나를 더 가지지 못해 스스로를 불행하다고 생각했던 시절이.

지금은 내가 가지고 있는 물건 하나하나마다 이 물건이 있어야 할 이유가 명확하고, 사고 싶은 물건이 생겨도 왜 필요한지 정확히 알고 있으니 물건을 샀을 때 만족감이 더 크고 오래간다. 그것을 못 사서 불행한 게 아니라, 내가 지금 가지고 있는 물건만으로도 이미 충분하다고 생각하니 삶의 만족도가 훨씬 올라간 게 느껴진다. 이건 정말 경험해보지 않으면 모를 신기함이다.

내가 경험한 미니멀라이프는 무조건 '안' 쓰며 궁핍하게 사는 삶이 아니라 반대로 돈을 더 '잘' 쓰기 위한 삶이다. 나는 이제 저렴하다고 대량으로 사거나 필요하지도 않은데 언젠가 쓸 한 번을 위해 쟁여두지 않는다. 정말 사고 싶고 꼭 필요한 물건은 질 좋은 물건으로 사서 잘 관리하며 오래 쓴다. 열심히 벌고 절약한 돈을 내가 더 가치 있다고 생각하는 소비에 쓰거나 미래를 위해 저축한다.

종종 아이가 셋이나 있으니 돈이 많이 들겠다며 걱정해주는 사람들이 있는데, 아이러니하게도 나는 첫째 아이만 키울 때보다 아이가 셋 있는 지금 저축액이 더 많다. 미니멀라이프를 하며 소비 습관이 바뀌고, 자연스럽게 절약이 되고, 그만큼 저축액도 늘었다. 아이들이 크면 먹는 것도 많아지고, 교육비도 많이 들어 상황이 또 바뀌겠지만, 이젠 크게 걱정하지 않는다. 그 사이에 남편과 나도 성장할 테고, 지금처럼 좋은 라이프스타일과 소비 습관을 가져가면 그 시기가 와도 현명하게 겪어낼 것이라 믿는다.

내가 생각하는 절약이란 돈에 끌려다니지 않는 것이다. 흔히 말하는 '돈, 돈 거리지 않는 것'이기도 하다. 돈을 아껴야 한다며 돈돈, 돈이 부족하다며 돈돈, 이것 사고 싶다며 돈돈, 앞으로 쓸 일이 많은데 어쩌지 돈돈… 물건을 돈으로 사기 때문에 돈 걱정하다 물건에 집착하다, 다시 돈 걱정을 한다. 그러는 사이 우리는 더 중요한 것들을 자주 잊는다. 더 중요한 것들을 잊지 않기 위해 물건을 비우며 돈에 대한 그릇된 생각과 욕심도 정리한다.

영수증도
종이 쓰레기다

#영수증　#쿠폰

#작은지갑

물건을 사며 교환하거나 환불할 일이 생길까 봐 지갑 속에 넣어두었던 각종 영수증. 실제로 교환이나 환불을 받는 경우가 거의 없는데도, "영수증이 없으면 교환, 환불이 불가해요"라는 점원의 말을 들으면 순간적으로 받아서 지갑 속에 고이 챙겼다. 분명 이상이 있는지 없는지 확인하고, 꼼꼼히 따져보고 구매하는 건데도 '내가 잘못 산 건 아닐까' '소중한 돈을 허투루 쓴 건 아닐까' 불안했다. 이런 불안감은 곧 내가 내 소비에 확신이 없다는 의미이기도 하다.

　문제는 그렇게 모은 영수증들로 지갑이 점점 두꺼워지고 지저분해지는 것. 지갑을 열 때는 '이따가 꼭 정리해야지' 하면서 지갑을 닫는 순간 까맣게 잊었다. 일정 기간이 지나면 교환도 환불도 할 수 없는 종이 쓰레기일 뿐인데… 미니멀라이프의 첫걸음인 쓰레기부터 버리자면 그동안 정리하기를 미뤄둔 지갑 속 영수증을 빼놓을 수 없었다.

분명 영수증만 버리려고 했는데, 각종 적립 카드와 쿠폰도 한 무더기 나왔다. 요즘은 모바일 앱으로 많이 바뀐 데다 모바일 카드 보여주는 게 귀찮아 핸드폰 번호로 입력하니 실물 카드를 가지고 다닐 필요도 없는데, 뭐가 이렇게 많지? 그중에는 이전에 살던 동네에서 모으던 쿠폰도 있었는데, 도장을 다 모아놓고 결국 쓰지도 못하고 이사했다. 몇 개만 더 모으면 드디어 무료 커피를 마실 수 있다며 일부러 그 카페에 들렀던 과거를 돌이켜보니 헛웃음이 나왔다.

《돈 정리의 마법》이라는 책을 보면 사용한 돈의 역사보다 사용할 돈의 미래를 의식하는 것이 중요하다는 이야기가 나오는데, 지갑 정리를 하면서 이 말의 뜻을 깨달았다. 이미 계산이 끝난 영수증을 무작정 보관하는 것보다 받아왔으면 잘 정리해서 앞으로도 이렇게 돈을 쓸지, 어떻게 해야 더 알차게 쓰는 건지 생각하고 관리하는 게 더 중요하다는 뜻 아닐까. 지갑을 가득 채운 영수증을 보며 이렇게 돈을 많이 썼다는 데 막연하게 자책하기보다는 그날그날 정리하고 비우며 계획을 세우는 것이 낫다. 작은 지갑 하나 정리를 못한다는 건 그만큼 내 돈과 내 마음을 돌보지 못하고 있다는 것 아닐까.

지금은 물건을 살 때 내 소비에 확신이 있으니 영수증을 받지 않아도 불안하지 않다. 혹시 받게 되더라도 그날그날 정리하며 비우고 있다. 얼마 전엔 카드만 들어가는 작은 지갑을 선물 받았는데, 지갑이 작으니 꼭 필요한 카드만 넣게 되고, 애초에 필요 없는 물건으로 넘칠 일이 없다.

미니멀라이프는 어디서부터 시작되어야 할까? 내가 생각하는 이상적인 모습으로 변하고 싶다는 간절한 마음에서부터 시작된다. 내 돈과 마음, 작은 물건을 돌보는 것도 그런 이상적인 모습 중 하나이지 않은가.

통장, 카드, 가계부에도
미니멀이 필요하다

(#통장)　(#카드)　(#휴면계좌)
(#가계부)　(#예금)

미니멀라이프를 하며 한 곳씩 정리를 하다 보니 자연스럽게 통장과 카드도 정리할 필요를 느꼈다. 물건이 줄어들면 관리가 편해지듯이 안 쓰는 통장과 카드, 지출 구조도 미니멀해질수록 관리가 더 편할 것 같았다. 마침 물건을 계속 비우며 소비에 신중해지던 시점이었다. '또 샀다가 얼마 안 쓰고 싫증 나면 어떡하지? 오래 쓸 수 있을까? 집에 있는 걸로 대체할 순 없을까?' 등 물건을 구매하기 전 여러 고민을 하다 보니 자연스럽게 쓸데없는 소비가 줄어들고 있었다. 그래서 돈과 관련된 정리도 꼭 하고 싶었다.

안 쓰는 통장과 카드를 정리하기 위해 처음으로 휴면계좌를 찾아주는 사이트에 접속해봤다. 금융결제원에서 운영하는 '계좌정보통합관리사이트'에 접속해 남편과 내 명의의 활동성, 비활동성 계좌를 검색했다. 남편이 "이젠 비상금도 못 만드는 거냐"며 농담할 정도로, 하나의 사이트에서 은행 계좌부터 카드, 포인트, 보험, 대출 내역까지 한눈에 볼 수 있었다. 검색해보니 1년 이상 입출금 거래가 없던 휴면계좌와 어디에 뒀는지도 모르는 신용카드가 몇 개 나왔다. 사이트에서 바로 휴면계좌의 잔액을 모두 이전하고 해지했다. 카드도 지금 사용하지 않는 것은 전부 확인하고 해지했다.

남편과 내가 정리를 통해 찾은 휴면 예금은 257,000원. 있는 줄도 몰랐던 돈을 찾으니 복권에 당첨된 것마냥 신났다. 안 쓰는 통장과 카드를 정리했을 뿐인데, 진짜로 돈이 생기니 이것만으로도 부자가 된 기분이었다.

통장 정리를 한 후 내가 가장 먼저 한 일은 가계부를 쓰는 것이었다. 이때 가계부를 처음 써본 건 아니었다. 그 전에도 새해가 시작할 때 가계부를 샀고, 살 때마다 늘 올해는 끝까지 쓰리라 다짐했다. 안타깝게도 그 결심이 오래가지 않았을 뿐… 늘 두세 달 쓰다가 멈췄다. 실패해본 경험이 있었기에 이번에는 가계부 선택부터 심혈을 기울였다.

이것저것 기입할 수 있는 복잡한 가계부 대신 생활비 중심, 현금 중심으로 기록할 수 있는 가계부로 골랐다. 이전에 썼던 가계부는 A 카드로 썼는지, B카드로 썼는지 세분화해서 기록할 수 있었는데, 세세하게 적을 수 있다는 장점은 좋았지만 반대로 적을 것도, 계산할 것도 많아 결국 가계부 쓰는 것을 포기했기 때문이다. 그때의 경험으로 나는 '가계부에도 미니멀이 필요하다'는 걸 깨달았다.

이렇게 살면 안 된다는, 변화가 필요하다는 간절함과 가계부 기록의 간소화, 그리고 미니멀라이프를 하며 충동구매와 과소비가 줄어들자 시너지 효과가 나타나기 시작했다. 생활비가 눈에 띄게 줄기 시작한 것이다. 신용카드 사용액도 점점 줄어들자, 신용카드를 없애고 체크카드와 현금만으로 생활할 수 있겠다는 자신감이 생겼다. 더 빨리 정리하고 싶은 마음에 예금 통장에 있던 돈을 깨서 남은 신용카드 대금을 모두 갚았다. 그리고 남편 직장에서 복지포인트가 들어오는 신용카드 하나만 예비로 남겨두고, 무분별하게 쓰던 신용카드를 전부 해지했다.

가끔 "신용카드를 없애고 싶은데, 한 번에 갚는 게 좋을까요? 아니면 조금씩 줄이는 게 좋을까요?" 하고 묻는 사람이 있는데, 나는 목돈이 있다면 한 번에 갚아서 없애라고 권하고 싶다. 내가 묶어둔 예금을 깨면서까지 신용카드 대금을 갚으면서 느낀 점은 '매우 아까웠다'

는 것이다. 내가 쓴 돈 내가 갚는 게 당연한데도, 나의 자산이던 소중한 예금 통장을 깨서 갚는다는 게 정말 아깝고 속상했다. 그때 결심했다. 다시는 목돈을 깰 만큼 월급 이상의 돈을 쓰지 않겠다고, 무조건 월급 안에서 생활하겠다고 말이다. 신용카드 사용액을 조금씩 줄이는 것도 좋지만, 목돈을 깨서 그 돈을 갚으면서 새로운 소비 생활이라는 값진 경험을 얻었다.

보이지 않는 곳에도 미니멀이 필요하다. 통장 정리와 가계부가 그 출발점이 되어 줄 것이다.

공짜 화장품 샘플!
정말 공짜일까?

#화장품샘플   #유통기한

#본품

화장품 사면서 사은품으로 받은 각종 샘플들. 내 돈 주고 화장품을 사면서도 샘플을 많이 받으면 오히려 이익을 본 느낌이 들어 어떻게든 한 개라도 더 챙겨 받으려고 했다. 공짜라는 사실만으로도 받을 때 기분이 좋았고, 여행갈 때 하나씩 쓰면 유용할 것 같았다. 그러나 실제로 여행갈 때 쓴 건 한두 개 정도. 여행도 자주 가지 못하니 샘플을 쓸 일이 없었다.

어느 날 화장대를 정리하다가 샘플에 적힌 날짜를 봤다. 유통기한을 넘긴 게 수두룩했다. 아껴 쓰려고 모아두다가 정말 아무것도 쓸 수 없게 됐다. 아끼다 똥 된다는 말이 이런 상황을 두고 하는 말이었다. 유통기한과 소비기한은 다르다는 말이 있지만 하루이틀도 아니고 몇 개월이나 지난 것이 대부분이라 그냥 바르기엔 찝찝했다. 결국 유통기한이 지난 샘플, 날짜가 적혀 있지 않아 확인이 불가한 샘플을 모두 버렸다.

샘플을 챙겨올 때는 마치 알뜰한 사람이 된 것 같았는데, 결국 제대로 쓰지도 않은 많은 샘플들을 버리면서 받을 땐 공짜지만, 지구나 환경 측면으로 넓게 보면 이게 과연 공짜일까 싶은 생각이 들었다. 쓰지도 않고 버리는 것도 모두 자원 낭비니까. 이렇게 넓게 생각하지 않더라도 내가 지불한 화장품 값에 이런 샘플을 만드는 비용까지 포함되어 있을 테니 따져보면 샘플이라 해서 공짜가 아니다. 공짜라고 착각하게 만드는 마케팅의 한 방법일 뿐이다.

나와 함께 미니멀라이프를 실천하는 멤버 중 한 명은 어디선가 받아서 사용하지도 않은 물건들을 모은 박스 하나가 있다고 했다. '공짜'라고 하면 이상하게 마음이 약해진(?!)단다. 안 받으면 손해보는 것 같고, 상대방이 날 생각해서 준다는데 거절하기도 쉽지 않아 하나씩 받다가 한 박스가 되었다. 결국 쓰지 않으니 한 박스만큼 자리만 차지하고 있었다. 나도 거절을 잘 못해서 일단 받아온 경우가 많았기 때문에 무슨 마음인지, 어떤 상황인지 너무나 잘 이해됐다. 필요 없다고 말하는 것도 미안하고, 그냥 거절하자니 날 생각해준 사람에 대한 예의가 아닌 것 같은 마음 말이다.

하루는 우리 집에 놀러온 친구가 돌아갈 때 이것저것 챙겨줬는데, 친구가 이 물건은 너무 많으니 안 가져가도 되냐고 물었다. 그때 내 마음이 어땠을까? 내가 애써 챙겨준 걸 친구가 안 가져가서 섭섭했을까? 아니다. 내가 챙겨준 게 친구에겐 부담이 되었을 수도 있겠다고 생각하니, 억지로 받아가지 않고 솔직하게 말해준 친구가 오히려 고마웠다. 친구에게 더 도움이 되고, 필요한 걸 주고 싶었기 때문에 거절당했다고 해서 전혀 섭섭하지 않았다. 그때 깨달았다. 공짜라고 무조건 욕심 내지 않는 마음에는 필요 없으면 거절할 줄 알고, 기꺼이 거절당하는 마음까지 포함되어야 한다. 나부터 그 마음을 먹고, 예의 있게 거절하는 법, 기분 좋게 거절당하는 법을 알아야 한다.

화장품 샘플을 주는 이유도 '써보고 좋으면 본품도 사서 쓰세요~'라는 뜻이기도 한데, 나처럼 받아놓고 쓰지 않을 사람보다 그 물건의 목적대로 사용해볼 사람에게 가는 것이 더 좋을 것이다. 물건이 만들어진 역할대로 쓰이지 못하고, 함부로 쓰이거나 버려지는 것도 낭비이기 때문이다.

이제는 쓰지 않을 샘플은 처음부터 받지 않고, 혹 받게 되더라도 샘플을 먼저 쓴 뒤 본품을 개봉한다. 샘플과 본품의 사용 순서를 바꾸

는 것만으로도 유통기한을 넘겨 버리는 샘플이 없어졌다. 그리고 더
는 여행을 위해 샘플을 아껴 놓지 않게 되었다. '언젠가' 떠날 여행보
다 '지금'이 더 중요하니까. 나는 여행갈 때도 본품을 그대로 들고 가
는데, 그동안 미니멀라이프를 하며 조금씩 화장품 개수를 줄였더니
챙겨야 할 화장품이 많지 않아 무겁거나 불편하지 않다.

방심하면 쌓이는 화장품 샘플. 함부로 버려지지 않도록 애초에
받지 않거나 샘플부터 쓰고 본품을 쓴다.

건강 챙기기는
원래 번거로운 것이다

#즙   #건강식품

#식습관   #운동

평소 건강식품에 관심이 많은 사람이 아닌데도, 가끔 뭐에 홀린 듯 즙 종류를 이것저것 구매할 때가 있었다. 무분별하게 약을 먹는 것보다는 아무래도 몸에 친화적일 것 같은 즙을 먹는 게 더 좋을 것 같았다. 속이 불편하고 체한 느낌이 들면 위에 좋다는 양배추즙을, 환절기가 다가오면 기관지에 좋다는 배도라지즙을 구매했다. 아이들에게 첨가물이 많이 들어간 과일 음료를 주는 것보다 100% 착즙주스를 주는 게 더 좋다는 말에 과일즙을 다양하게 구매하기도 했다.

즙 종류는 대부분 박스 단위로 구매하기 때문에 양이 많은데, 먹어도 먹어도 줄어드는 느낌이 들지 않으니 어느 순간부터는 질려서 점점 더 먹기 싫어졌다. 결국 마지막에는 유통기한이 지나서 버리기 일쑤였다. 구매했다가 초반에만 열심히 먹고, 남기고, 유통기한이 지나서 버리기를 반복했다. 어느 날 TV를 보는데, 어느 연예인 집 냉장고에서 즙이 종류별로 나오는 걸 보며 사람 사는 거 다 똑같다는 마음에 반가웠다. 나만 그런 줄 알았는데, 다들 초반에만 열심히 먹다가 점점 시들해지나보다.

그런데 반가워할 게 아니라 반복적으로 이루어지는 패턴을 고쳐서 더 이상 유통기한이 지나 버려지는 즙이 없게 하는 게 중요하다는 생각이 들었다. 건강을 손쉽게 얻으려는 게으른 마음을 품고 즙을 구매했으니 처음에만 열심히 먹다가 시간이 갈수록 챙겨 먹는 횟수가 점점 줄어드는 것은 당연한 일인지도 모른다. 건강을 생각하면 운동을 하거나 식습관을 바꾸는 게 먼저인데, 그건 시간도 오래 걸리고 몸이 힘들다는 것을 아니까 손쉽게 즙으로 해결하려 했다. 건강은 결코 쉽게 얻어지는 게 아닌데, 그동안 즙을 구매하는 것으로 쉽게 얻으려 했던 내 모습을 반성했다.

유통기한이 지난 비트즙을 버리며 다시는 박스 단위로 구매하지 않겠다고 마음먹었다. 그 후로는 조금 번거롭더라도 개별 구매를 하고 있다. 먹을 만큼만 사서 유통기한 내에 전부 먹으니 더 이상 쓰레기도 나오지 않고, 냉장고 한 칸이 즙으로 가득 찰 일도 없어서 더 좋다. 당연히 박스로 구매할 때보다 개당 가격은 더 비싸지만, 다 먹지도 못하고 버리는 것보다 오히려 이렇게 사는 게 전체적인 값은 더 저렴하다. 앞으로는 건강이 걱정되면 즙을 사기보다는 먼저 운동을 하는 걸로!

유통기한이 지난 비트즙을 마지막으로, 더 이상 건강즙을 대량으로 사는 일도 버리는 일도 없다.

소스가 많으면
나의 요리 실력도 나아질까

#소스   #외식

#신선한재료

결혼을 하고 보니 요리는 선택이 아닌 필수였다. 이론은 그러한데 현실은 라면 정도만 끓일 줄 아는 요리 왕초보가 나였다. 서점에서 요리책을 한 권 샀는데, 필요한 양념이 뭐가 이렇게도 많은지… 요리책에 적힌 재료가 모두 있어야만 요리를 할 수 있는 줄 알고, 일단 책에서 시키는 대로 전부 구입했다. 케첩, 마요네즈는 기본이고, 바비큐소스, 돈가스 소스, 굴 소스, 머스터드, 칠리 등 각종 소스와 그것들을 계량할 수 있는 계량 스푼, 계량 컵, 저울까지.

요리를 해봤어야 뭘 알지. 결혼 전까지 엄마가 해준 밥 꼬박꼬박

얻어먹은 대가가 이렇게 나타날 줄은 몰랐다. 책에 나온 레시피 재료에서 하나라도 부족하면 내가 상상한 그 맛이 나지 않을 것 같았다. 요리를 시작할 때마다 계량 스푼, 계량 컵, 저울을 꺼내 놓고, 그램 수를 재고, 큰술인지 작은술인지 꼼꼼하게 따져가며 요리를 했다. 그러니 간단한 음식 하나를 만들더라도 시간이 오래 걸리고, 요리를 한 번 하려면 마음의 준비까지 필요했다.

언젠가 TV에 어느 살림 고수의 냉장고가 나왔는데, 어찌나 보기 좋게 정리되어 있던지 살림 초보인 내게는 무척이나 대단해 보였다. 나도 저렇게 소스들을 사서 정리해두면 냉장고도 깔끔해 보이고, 요리 실력도 늘어날 것만 같았다. TV에 나온 그 사람은 요리를 잘 하니까 그만큼 재료가 많았던 건데, 나는 제대로 활용할 줄도 모르면서 재료 욕심만 부린 셈이다.

역시나 특이한 소스들은 한두 번 사용하고는 유통기한을 넘겨 쓰레기통으로 향했다. 그렇게 버리면서도 또 사서 냉장고에 채워 넣었다. 자주 사용하지 않더라도 늘 냉장고에 있어야 할 것 같았다. 자리가 비어 있으면 너무 허전하고, 요리 못하는 사람이라는 걸 인정하는 것만 같았다. 물건과 실력은 별개인데, 물건의 개수가 곧 나의 실력이라고 착각했다. 그 과정을 몇 번이나 겪고 나서야 재료가 많다고 해서 요리를 잘하는 건 아니라는 것을 깨달았다.

지금은 요리 실력도 많이 늘었고, 반드시 레시피대로 요리해야 한다는 강박도 없어졌다. 이제는 한 번 쓰고 방치될 것 같은 소스는 사지 않는다. 그런 소스가 필요한 요리는 만들어 먹는 것보다 외식하는 것이 더 맛있고 효율적이다. 외식비도 절약할 겸 집에서 만들어 먹겠다고 소스를 한두 개씩 사 모았다가 몇 번 사용하지도 않는다면 그게 과연 절약한 것인지 생각해볼 필요가 있다.

자주 사용하는 소스들도 늘 가장 작은 용량으로 구매한다. 마지막까지 먹고 소스 병의 바닥이 보이면 그동안 내가 요리를 열심히 한 것 같아 뿌듯하다. 아이가 셋이다 보니 예전보다 소스류가 소진되는 속도도 빨라졌는데, 뿌듯함을 자주 느낄 수 있어서 좋다. 유통기한 내에 먹을 수 있으니 더는 쓰레기로 버려지는 일도 없다.

대단한 요리만이 맛있는 식사는 아니다. 나물무침, 감자채볶음, 계란말이 같은 소소한 요리라도 직접 만들고, 건강하고 신선한 식재료를 사용하려고 노력하면 그게 최고의 식사다. 아직도 요리 고수가 되려면 멀었지만, 이제는 사용하는 소스를 줄이고, 재료 본연의 맛으로 요리하려고 노력하니 나와 우리 가족의 건강에도 더 좋은 것 같아 요리하면서도 안심이 된다.

Q
&
A

식비를 미니멀하게
관리하는 법이 궁금해요.

식비 미니멀에는 집밥과 냉장고 파먹기가 중요해요. 그것만 잘해도
식비 줄이기가 가능해요. 어떤 유튜버는 끝까지 냉파를 하다 보니 마
지막에 김치만 남아서 김치볶음밥을 해서 먹었다더라고요. 그렇게까
진 힘들더라도 소량씩 장을 보고, 사온 식재료는 마지막까지 남김없
이 만들어 먹는 습관을 들이면 식비를 미니멀하게 관리할 수 있어요.

CHAPTER 4

진정 위한다는 것

#육아

　요즘 아이들은 학교에서 공부하다가 바닥에 지우개가 떨어져도 줍지 않는다는 이야기를 들었다. 필통에 다른 지우개가 많기 때문에 땅에 떨어진 걸 굳이 주울 필요가 없다는 것이다. 지우개가 하나만 있다면 줍지 않을까. 너무 많이 갖고 있어서, 갖고 싶을 땐 언제든 가질 수 있어서 그런 건 아닐까. 물론 모든 아이들이 그렇지는 않겠지만, 우리 아이들 또한 책이며 장난감이며 가진 물건이 많아질수록 정리도 제대로 하지 않고, '고장나면 엄마가 또 사주겠지'라고 생각하는 게 눈에 빤히 보였다. 하나라도 더 좋은 걸 주고 싶고, 부족함 없이 키우고 싶은 마음에 사준 물건이긴 한데, 결과적으로 좋은 영향을 준 게 맞을까. 요즘은 뭐든 풍족하기 때문에 아이들이 물건의 소중함을 더 모르는 것 같다.

　그렇다고 해서 아이들의 물건을 몽땅 갖다 버리자거나 아이들에게 아무것도 사주지 말자는 이야기는 아니다. 내가 첫째 아이만 키우던 초보 엄마 시절엔, 물건으로 육아하는 방법만 알았다. 아이에게 무언가 보상을 줄 때도 무조건 장난감으로 해줬고, 책 육아가 좋다고 하니 비싼 전집도 덜컥 구매했다. 아이가 셋이 된 지금 그때를 되돌아보니, 장난감과 책을 구매하는 것으로 '내가 할 육아는 다 했다' '부족함 없이 사주는 게 좋은 엄마'라고 생각했던 것 같다. 그땐 그게 맞는 방법인 줄 알았는데, 미니멀라이프를 하며 그게 꼭 정답은 아니라는 것을 깨달았다. 사실 육아에 정답은 없다. 그저 내 아이의 성향을 존중하며 키우면 되는데, 아이의 성향은 고려하지 않은 채 '이게 좋다, 저게 좋다'는 말에 휘둘리며 자신만의 육아 소신이 없는 게 문제다.

한 번은 전면 책장 하나만 있는 우리 집 거실을 보며 "책이 너무 없는 거 아니야? 아이들한테는 서재형 거실이 좋대"라고 조언해준 지인이 있었다. 예전 같으면 "그런가? 책이 좀 부족하나? 책장이랑 책을 더 사야 하나?" 하며 지인의 말에 흔들리고, 부족하게 키운 것 같아 아이들에게 미안했을 텐데, 지금은 그런 말에도 전혀 흔들리지 않는다. '꼭 책을 가득 채워야만 아이들에게 좋을까? 책이 많으면 내 기대만큼 책을 잘 읽을까? 책장으로 벽 전체를 채우면 서재형 거실이고, 책장 하나만 놔두면 서재형 거실이 아닌 것일까?'라고 스스로에게 먼저 질문한다.

　　　내가 아는 우리 아이들은 같은 책을 반복해서 읽어주는 것을 좋아한다. 같은 이야기지만 아이들에게 질문하고, 아이들이 자신만의 대답을 하면서 전혀 새로운 내용이 되기도 한다. 이렇게 같은 책으로 놀다가 한 달이 지나면 교체하는데, 아이들이 재미있게 읽었던 책은 보관하고 반응이 시큰둥했던 책, 내가 읽어도 구성이 별로였던 책은 과감히 비운다. 책이 많아야 한다, 서재형 거실이어야 한다는 사람들의 말보다는 우리 아이들에게 더 어울릴 법한 책 읽기 공간, 방식을 고민하고 실현하는 게 우리 아이들에게 더 좋다고 믿는다.

　　　한편 SNS에서 우리 집에 있는 대형 장난감(흔히들 국민 문짝이라고 부르는 장난감)을 보고는, "미니멀라이프 하신다면서 이 장난감은 왜 가지고 계세요?"라고 묻는 사람도 있었다. 그 물건이 왜 없는지, 없으면 불편하진 않은지 묻는 질문과는 반대로, 그 물건을 왜 가지고 있는지 묻는 질문도 종종 있다. 이 질문에 답하려다 보니 문득 의문이 들었다. '그 장난감이 있으면 미니멀하지 않은 집이고, 없으면 미니멀한 집일까? 미니멀과 이 장난감이 무슨 상관일까?' 나는 그저 우리 아이가 잘 가지고 놀고 꼭 필요하다고 생각하니까 놔둔 것이다. 물건을 비우는 이유가 명확한 만큼, 물건을 가지고 있는 이유도 명확하다. 미니멀라이프는 무조건 비우는 것이 아니라 그 물건이 집에 있어야 할 이유를 찾는 과정이기도 하다.

　　이제 나는 아이들을 위한다는 이유로 이것저것 채우기만 하던 과거보다는 아이들과 함께 미니멀라이프를 하는 지금이 물건의 소중함을 더 자연스럽게 가르쳐줄 수 있다고 확신한다. 더는 물건을 사주는 것만으로 엄마의 역할을 채우려고 하지 않는다. 우리 아이들이 물건의 많고 적음으로 행복을 판단하기보다는 물건보다 더 가치 있는 것들을 경험하며 행복을 느끼는 아이들로 자랐으면 좋겠다.

버리지 못하면
기부하면 된다

이사 오면서 필요 없어진 어린이집 가방. 새로 등록한 기관에서 새 가방을 주니까 더는 쓸 일이 없는데도, 이사 다니면서 버리지 못하고 그대로 가지고 왔다. 상태가 너무 좋아 헌옷수거함에 넣기엔 아까웠고, 어린이집 이름이 적혀 있으니 누굴 주기도 애매해서 이러지도, 저러지도 못하다가 그냥 가지고 온 것이다. 그렇다고 다른 용도로 활용한 것도 아니다. 이렇게 더는 사용하지도 않고 필요가 없다는 것을 알면서도 새 물건이라서, 몇 번 안 써서, 상태가 좋아서 등의 이유로 버리지 못하는 물건이 얼마나 많은지 이사를 할 때마다 놀란다.

그러다 마침 SNS에서 좋은 기부 캠페인을 발견해서 '이거다!' 싶었다. 비영리민간단체 '반갑다친구야'(www. hifriends. co. kr)는 매년 기부 캠페인을 진행한다. 사용하지 않는 어린이집과 유치원 가방, 책가방, 학원 가방, 실내화 가방뿐 아니라, 크로스백과 배낭형 가방을 기부받고 있다. 사용하던 가방을 깨끗이 세탁한 후 상자에 담아 선불 택배로 발송하면 개발도상국 어린이들에게 전해진다.

그냥 버린다고 생각했을 때는 아깝게 느껴졌는데, 기부한다고 생각하니 달라졌다. 우리 아이들에겐 더 이상 필요 없는 가방이지만, 그 가방을 선물 받는 친구들은 태어나 처음으로 가져보는 가방일 수도 있다고 하니 더 깨끗하고 상태가 좋은 가방을 보내주고 싶었다. 아이들에게도 그 의미를 설명해주었는데, 둘째 아이는 너무 어려서 그게 무슨 말인지 모르는 듯했으나 첫째 아이는 그래도 어렴풋이 이해하는 것 같았다.

가방을 비울 때 무조건 헌옷수거함에 넣는 단순한 방법만 떠올렸는데, 이렇게 기부로도 비울 수 있다는 걸 알게 되니 이제 더는 가방을 비우는 게 어렵지 않게 느껴진다. 새 학기가 시작되면 첫째 아이와 둘째 아이 모두 지금 다니고 있는 기관을 졸업하게 되는데, 그때 또 기부할 생각을 하면 지금부터 기분이 좋다. 어린이집에서 졸업생들의 가방을 따로 모아서 한 번에 기부해주면 더 좋겠지만, 선생님들도 평소에 해야 하는 업무들이 있으니 괜한 부담을 드리는 걸까 봐 말씀 드리지는 못했다. 대신 우리 아이들 가방을 보낼 때 주변 친구들 가방 이라도 모아서 함께 보내야겠다.

이를 계기로 관심을 갖고 더 찾아보니 각 지역마다 있는 미혼모센 터에서도 아이 옷과 육아용품 등을 기부받고 있었다. 꼭 돈으로 기부 해야만 기부가 아니라, 깨끗하고 상태가 좋은 물건을 필요한 사람에 게 물품으로 기부하는 것도 의미가 있는 것 같다. 우리 아이들이 소중 하게 쓴 물건을 통해 다른 집 아이, 지구 반대편에 있는 아이들이 좀 더 행복해졌으면 좋겠다.

버리지는 못해도 비울 수 있는 있는 물건이 있다. 나의 비움으로 지구 반대편 어딘가가 채워지는 미니멀라이프가 좋다.

갖고 놀 물건보다
같이 놀 사람이 필요하다

#장난감 #살림살이
#관심 #행복

내가 첫 아이를 임신했을 당시, 주변 선배 엄마들이 "지금까지 사준 장난감만 모아도 몇 백만 원은 될 거다" "기껏 사줬더니 며칠 안 가지고 놀아서 속상하다" "사이 좋게 놀라고 사줬더니 장난감 때문에 더 싸운다, 장난감 때문에 집이 정리가 안 된다" 등 장난감 '덕분에' 편한 게 아니라, 장난감 '때문에' 오히려 스트레스 받는다는 이야기를 많이 해줬다. 남편과 나는 기념일에만 장난감을 사주자고 아이가 태어나기 전부터 약속했다.

하지만 막상 아이가 태어나니 생각이 바뀌어 이것저것 사주고 싶었다. 우리 부부 외에도 이모, 할머니, 할아버지가 돌아가며 선물해주시니 아이의 장난감은 점점 늘었다. 비우지는 않고 계속 사기만 하니 미끄럼틀, 피아노, 놀이 텐트처럼 자리를 많이 차지하는 장난감부터 블록, 변신 로봇, 자동차 같은 자잘한 장난감들까지 어우러져 갈수록 집이 답답해 보였고, 아이는 장난감이 많은데도 자꾸만 새로운 장난감을 원했다. 남편과 나름의 규칙을 정했음에도 육아 선배들의 고충을 나도 똑같이 겪고 있었다.

이건 아니라는 마음이 들었지만, '비웠다가 아이가 다시 찾으면 어떡하지?'라는 생각에 선뜻 비우지도 못했다. 그러던 중 EBS 다큐멘터리 〈하나뿐인 지구〉 '미니멀 육아, 장난감 없이 살아보기' 편을 보고 생각이 완전히 바뀌었다. 부모의 동의를 얻은 후 2주 동안 집안의 모든 장난감을 치워보는 실험을 했는데, 엄마의 걱정과 달리 아이들은 장난감 없이도 충분히 잘 놀았다. 방송에 나온 전문가는 장난감에 의존하는 것이 아니라 아이에게 뭘 하고 놀지 맡겨 두는 게 진짜 놀이라며, 그렇게 할 때 아이들도 새로운 놀이 방법을 찾을 수 있다고 했는데, 정말 공감했다. 장난감이 없는 공원에 가거나 친척 집에 가도 아이들은 없으면 없는 대로 놀잇감을 만들어 즐거워했기 때문이다. 어쩌면 장난감이 있어야만 잘 논다고 생각한 건 부모의 착각일 수도 있다는 것을 깨달았다.

그 후로 나도 아이와 함께 고장난 장난감, 흥미가 떨어진 장난감 위주로 하나씩 비우기 시작했다. 아이 몰래 비울 수도 있었지만, 나도 누군가 내 물건을 함부로 버리는 걸 싫어하니 아이에게도 장난감을 꺼내 하나씩 물어보며 함께 결정했다. "이건 어떻게 할까? 버려도 돼?" 물어보면 처음에는 듣는 둥 마는 둥 집중을 하지 않다가, 몇 번 더 묻자 이건 버려도 되고 이건 절대 버리면 안 된다며 적극적으로 비울 장난감과 남길 장난감을 골라냈다. 장난감을 비우기 전 전쟁이 될수도 있겠다며 단단히 마음먹었는데 나의 우려였을 뿐, 생각보다 매우 평탄했다. 내 생각으로만 아이를 단정 지으면 안 된다는 것을 다시 한 번 깨달았다. 한 차례 장난감을 비운 뒤, 지금은 공간을 정해두고 그 이상 장난감이 늘지 않도록 노력하고 있다.

가끔 우리 집에 온 손님들은 장난감이 적어서 심심하지 않냐고, 장난감이 적은데도 아이들이 잘 노는지 궁금해하는데, 걱정할 필요가 없을 만큼 아이들은 충분히 잘 논다. 어느 날은 교자상을 뒤집어 소파에 반만 걸친 뒤 미끄럼틀이라 부르기도 하고, 냄비를 모두 꺼내 드럼처럼 두드려 보기도 하고, 세탁 바구니로 멋진 자동차를 만들어 서로 태워주고 밀어주며 깔깔거리며 논다.

예전에는 살림살이가 망가질까 봐 못 놀게 하고, 그래도 계속 만지려고 하면 화를 냈는데, 이제는 나도 마음의 여유가 생겨 '살림살이가 최고의 장난감이지. 놀 수 있을 때 맘껏 놀아라'라고 생각한다. '어쩌면 다 완성된 장난감보다 살림살이로 노는 게 아이들의 창의력 발달에도 더 좋지 않을까?' 하는 기대도 하고 말이다. 나도 어릴 적에 엄마 화장품이 궁금해서 만져보고 싶었던 때가 있었던 걸 떠올리니 아이들의 이런 모습도 한때라는 생각이 든다.

그러고 보면 어른들 눈에는 장난감만 놀잇감으로 보이지만, 아이들 눈에는 세상 모든 것이 놀잇감으로 보이는 것 같다. 어쩌면 아이들은 적은 물건으로도 충분히 행복한데, 어른인 우리가 편하자고, 또는 부족하게 키우면 아이에게 안 좋은 영향을 끼칠 것 같아 불안해서 그 자리를 계속 물질로 채워주려고 했던 것은 아닌지 생각해볼 필요가 있다. 아마 그 불안은 아이가 어려도, 커서 제 앞가림을 할 나이가 되어도 언제고 없어지지 않을 것이다. 지금은 아이가 어리니 장난감이지만, 아이가 커가면 학원, 옷, 전자기기 등으로 바뀔 것이고, 그런 것은 끝없이 생기니 물건으로 불안을 없애지는 못할 것이다.

나도 아이가 셋이나 있다 보니 말처럼 쉽지 않다는 것을 누구보다 잘 알지만, 모든 육아 전문가들이 아이에게는 부모의 관심만큼 좋은 게 없다고 입을 모아 말하는 데는 분명 이유가 있을 것이다. '뭘 사줄까?' 고민하며 인터넷 쇼핑하던 핸드폰을 내려놓고 아이의 눈을 한 번이라도 더 바라보려고 노력하고 싶다.

장난감
비우는 법

코끼리공장에서는 사용하지 않는 장난감, 파손된 장난감, 고장난 장난감을 기부받아 고치고 소독하여, 재정이 어려운 아동 기관 및 취약 계층 아이들에게 전달한다. 플라스틱 장난감은 단일 재질이면 재활용이 가능하지만, 나사나 전선 등 다른 부품이 있는 경우 그대로 매립 쓰레기가 되기 때문에 그냥 버리지 말고 코끼리공장에 나눔하는 방법을 추천한다. 에듀테이블, 러닝홈을 비롯해 붕붕카 등 부피가 크고, 무게가 많이 나가는 장난감, 건전지가 들어가는 인형 등은 기부받지 않으니, 전화 문의 후 택배 발송하면 된다.

주소 : 울산광역시 울주군 범서읍 점촌2길 50, 1층
홈페이지 : www.kogongjang.com
문의 전화 : 052-242-1661

127

때론 과감하게
큰 것부터 비워보자

#큰가구   #큰물건

#공간   #여유

거실 한편을 차지하고 있던 미끄럼틀. 아이가 너무 좋아해서 자주 타다 보니 어느새 미끄럼틀을 고정하는 플라스틱 부품이 마모되었다. 계단을 밟고 올라가면 아이 무게조차 견디지 못하고 다리가 찢어지듯 계단과 미끄럼틀이 쫙 벌어졌다. 아이가 좋아하니 나도 계속 두고 싶었는데, 너무 위험해서 강제로 비울 수밖에 없었던 놀잇감이라 더 기억에 남는다.

비울 때는 아쉽기만 했는데, 미끄럼틀을 비운 후 집을 둘러보니 그거 하나 없어졌다고 거실이 새삼 넓게 느껴졌다. 그동안 자잘한 물건들을 비울 때와는 차원이 달랐고, 비운 티가 확 나면서 새 집에 들어오는 느낌도 들었다.

어떤 미니멀리스트는 먼저 큰 수납가구부터 비우고, 그 후에 가구 안에 있던 물건들을 비워내라고 한다. 보관할 공간이 없어야 진짜 필요한 것만 남길 수 있다는 이유다. 미끄럼틀이 수납가구는 아니지만, 직접 경험해보니 왜 큰 가구를 비워야 한다고 했는지 알 수 있었다. 이미 미니멀라이프를 실천하는 사람들 중 "비워도 비워도 티가 안 나요"라고 말하는 사람에게 효과적인 방법일 수도 있다. 자잘한 물건을 아무리 많이 비워도 수납장 안에만 여유가 생길 뿐 겉으로는 티가 나지 않으니 '내가 미니멀라이프를 제대로 하는 게 맞나?'라는 의문을 갖기 쉽다. 그럴 땐 꼭 부피가 큰 가구도 비워봤으면 좋겠다. 큰 수납가구를 없애려면, 먼저 그 안에 있던 물건들도 어디론가 옮겨야 하는데 그 과정에서 비울 것과 남길 것을 한 번 더 고민해볼 수 있다. 큰 가구가 빠지면 분명 지금까지와는 다른 새로운 경험을 하게 될 것이다.

만약 당장 가구를 비울 수 없는 상태라면, 가구 위에 올려진 자잘한 물건들이라도 꼭 비워보길 추천한다. TV장, 화장대, 서랍장, 식탁, 싱크대, 욕실 선반 위에 있는 물건들 말이다. 눈이 닿는 곳마다 아무것도 올려져 있지 않으면 시각적인 효과가 더 크게 다가온다.

나는 이제 여유 있는 거실이 좋아서라도 부피가 큰 장난감이나 가구는 되도록 들이지 않으려고 한다. 다행히 아이들이 커갈수록 부피가 큰 장난감보다는 팽이, 카드 같은 작은 장난감을 더 좋아한다. 그리고 혹시나 부피가 큰 가구를 새로 들일 일이 있더라도, 바로 구매하지 않고 놓을 공간은 충분한지, 공간의 여유를 포기할 만큼 우리 집에 꼭 필요한지를 먼저 고려한다.

**육아용품 및 장난감도 미니멀이 가능할까요?
육아는 장난감이 많을수록 편할 것 같은데,
어떻게 생각하세요?**

그 편함은 아이를 위한 걸까요? 어른을 위한 걸까요? 아이를 키우다
보면 장난감이 많이 필요한 시기가 있고, 줄여도 되는 시기가 있더라
고요. 그러니 무조건 많은 게 좋다며 계속 채우기보단 아이 성장에
맞춰서 장난감을 잘 줄여주는 것도 좋은 육아라고 생각해요. 저 같
은 경우는 장난감 수납함을 정해두고 그 안에 들어갈 정도만 보관하
는데요. 만약 그 이상이 되어 수납함이 넘친다면 그땐 장난감 정리가
필요한 시기라고 생각해요.

자주 쓰는 것을
잘 쓰기 위해 필요한 물건

우리 집에는 건전지가 많다. 리모컨 같은 전자제품뿐 아니라 아이들 장난감에도 건전지가 필요하니 건전지만 보관하는 수납상자가 따로 있을 정도다. 문구상자나 공구함처럼 건전지도 같은 종류끼리 한데 모아 수납상자에 넣어놓으니 얼핏 보면 정리가 잘 되어 있는 것처럼 보이지만, 사실 그 안은 새 건전지와 다 쓴 건전지가 뒤섞여 정신이 없다. 건전지를 교체할 때마다 어떤 게 새것인지 몰라 이거 한 번 끼워보고, 저거 한 번 끼워봤던 경험은 나만의 일이 아닐 것이다.

그런 나를 옆에서 지켜보던 남편이 답답했는지 어느 날 건전지 잔량 테스터를 사왔다. 직장에서 사용하고 있는데 너무 편하다며 내게도 권했다. '오, 이런 게 있었다니!' 사용해보니 그야말로 신세계였다. 테스터에 건전지를 꽂으면 잔량에 따라 바늘이 움직이는데, 이게 신기해서 집에 있는 모든 건전지 잔량을 확인해봤다. 사용할 수 있는 건전지는 남겨두고, 수명이 다한 건전지는 폐건전지함으로 분리배출했다. 똑똑한 물건 하나를 들인 후, 쓰임이 다한 건전지를 열 개도 넘게 비웠다.

넘쳐나는 살림템, 육아템 중에서도 나에게 꼭 맞는 필수품이 있다. 우리 집에는 건전지 잔량 테스터가 바로 그것이다.

사실 편하다고 홍보하는 살림 아이템이나 아이디어 상품들은 있으면 편하지만 반드시 필요하지는 않은 경우가 많다. 건전지 잔량 테스터도 배터리 교체는 매일 하는 일이 아니니 사용 빈도가 얼마나 될까 싶은 의문도 들었고, 괜히 물건만 하나 늘어나는 게 아닐까 염려도 되었다. 그런데 직접 사용해보니 이건 단순한 살림 아이템이 아니라 아이들이 있는 집에는 꼭 필요한 필수 아이템이었다. 장난감뿐 아니라 어린이집에서 받아오는 교구에도 건전지가 들어가는 경우가 많기 때문이다.

무조건 사지 않고 다 비우기만 하는 것이 아니라, 필요한 물건은 구입하고 쓸모없는 물건은 비우는 게 미니멀라이프인데, 그 말의 의미를 이 아이템을 통해 제대로 실감했다. 이제는 건전지 잔량을 측정해 마지막까지 알뜰하게 사용한 후 비우고 있다. 테스터는 아이들이 많은 우리 집에서는 없어서는 안 될 필수품이다.

추억을
제대로 누리는 법

#사진   #폴더

#추억   #의미

"남는 건 사진밖에 없어"라는 말을 자주 하는데, 반은 맞고 반은 틀리다고 생각한다. 사진은 과거를 기록하고, 언제든 추억할 수 있는 정말 좋은 수단이다. 하지만 요즘은 오히려 그런 사진을 찾기 힘들다. 핸드폰으로 사진을 많이 찍고 제때 정리하지 않아 여러 장 찍은 사진, 흔들린 사진, 스마트폰 캡처 화면까지 전부 저장되어 추억하고 싶은 사진과 일회성 사진이 뒤죽박죽 섞이기 때문이다.

나의 핸드폰 용량 대부분도 사진과 동영상이 차지하고 있었다. 특히 아이들 어릴 적 사진과 영상은 언제 봐도 추억이 되기 때문에 잘 나온 사진, 못 나온 사진 상관 없이 지우지 못할 것만 같았다. 그런데 아이가 하나에서 셋으로 늘고, 아이들이 크면서 그 모든 사진을 보관 하는 게 조금 무리였다. 평생 보관하고, 언제든 꺼내 보기 위해서는 무작정 많이 찍을 게 아니라, 찍은 사진들을 가려내는 정리와 비움이 필요했다. 실제 내 핸드폰과 남편 핸드폰에 저장된 사진을 컴퓨터로 옮겨보니 서로의 핸드폰에 중복된 사진도 많았고, 무엇보다 양이 너 무 많아서 정리할 엄두가 나지 않았다.

그즈음 일본의 정리 수납 컨설턴트 겸 어드바이저로 활동하는 Emi 의《육아 수납 인테리어》와《내 아이 사진 정리법》이라는 책을 읽었 다. 이 책은 책상 속에, 컴퓨터에, 핸드폰 등에 흩어져 있는 아이 사진 을 한 해에 딱 한 권의 앨범으로 만드는 방법을 소개한다. 펼쳤을 때 12장의 사진이 한눈에 보이는 앨범을 먼저 준비한 뒤, 펼친 면에는 그 달의 베스트 컷 11장을 꽂고 나머지 한 칸에는 육아일기를 쓴다. 물론 이벤트가 있는 특별한 달에는 페이지를 조금 늘려도 괜찮다. 이렇게 하면 20페이지 정도의 얇은 앨범만으로도 1년 동안의 추억을 정리할 수 있고, 보관하기에도 부담이 되지 않는다고 한다.

나도 책을 따라 조금씩 사진을 정리하기 시작했다. 컴퓨터에 연도 별 폴더를 만들고, 그 안에 다시 월별 폴더를 만들어 사진을 추렸다. 막상 사진을 지우려고 하니 B컷 사진도 갑자기 다 A컷으로 보여서 월

별 베스트컷을 고르기가 쉽지 않았지만, 한편으로는 재미있기도 했다. '맞아, 우리 아이가 이런 때가 있었지' '우리 여기도 놀러 갔었구나' '이날 진짜 즐거웠는데!' 그때마다의 추억이 떠올랐다. 책에서는 사진을 정리한 뒤 출력해서 앨범에 보관하라고 했는데, 나는 앨범이 꼭 필요할까 싶어서 출력은 하지 않고 외장하드에 폴더로만 정리해두었다. 결혼 앨범도 펴본 지 오래됐으니 파일로만 가지고 있어도 충분할 것 같았다. 파일만 있으면 출력은 언제든 할 수 있으니, 이것만 정리했는데도 꽤 만족스러웠다.

사진 정리는 집 안의 물건들을 정리했을 때처럼 겉으로 티가 나진 않지만, 보이지 않는 곳까지 정리했다는 나만의 뿌듯함을 느낄 수 있다. 또한 정리하는 과정도 추억의 일부가 되는 셈이어서 정리하느라 힘들지 않다. 나처럼 주로 핸드폰으로 사진을 찍는 사람, 저장된 사진이 많은 사람들은 꼭 한 번 사진을 정리해보길 추천한다. 소중한 추억을 더 소중하게 보관할 수 있고, 사진을 정리하며 추억을 다시 한 번 누릴 수 있을 것이다.

언젠가?!
그 언젠가는 내가 정해야 한다

(#육아템) (#잡동사니)

(#기준) (#속도)

친척에게 결혼 선물로 받은 멀티 슬라이서 세트. 신혼 때는 쓸 일이 없어 계속 보관만 하다가 아이가 태어나고 이유식 준비를 하며 처음 꺼내보았다. 야채 다지기, 채칼, 강판, 반죽기 등이 세트로 들어 있어 이유식을 만들 때 유용할 것 같았다.

그러나 막상 이유식을 만들어보니 야채 다지기만 주로 사용하게 되고, 나머지 부속품은 사용할 일이 없었다. 이유식에 들어가는 야채는 소량이라 채칼을 쓰는 것보다 그냥 칼질을 하는 게 더 편했고, 강판보다는 믹서기로 한 번에 갈아서 재료를 냉동시켜 두는 게 이유식

만드는 시간을 더 아낄 수 있었다. 반죽기도 내가 베이킹을 하는 게 아니니 굳이 필요 없었다.

이렇게 멀티 슬라이서 세트 외에도 이유식 전용 냄비와 전용 스텐 팬, 이유식 보관용기, 식기 등 아이를 위해 준비한 것들이 많았는데, 직접 이유식을 만들어 보니 내가 자주 사용하는 것과 사용하지 않는 게 나뉘었다. 이유식을 준비하며 샀던 미니 스텐팬은 지금까지도 다른 용도로 주방에서 잘 사용하고 있고, 지인이 냄비로 이유식을 만드는 것보다 훨씬 편하다며 물려준 죽 마스터기는 한 번 사용하곤 익숙해지지 않아서 그대로 넣어두었다.

잘 사용하지 않는 것들은 비워야 하지만 당시에는 '혹시 몰라서' 보관했다. 첫째 아이 이유식을 만들 때는 사용하지 않았지만 동생이 태어나면 그때는 사용할 수도 있고, 아니면 다른 요리를 만들 때 쓸 수도 있다고 생각했다. 그렇게 '혹시 몰라서' '언젠가 쓸까 봐'라는 이유로 5년을 더 보관하다가 셋째 이유식을 만들 때도 사용하지 않아 그제야 비웠다.

둘째 이상 낳을 계획이 있는 집은 나와 비슷할 것이다. 아직 둘째 임신도 안 했고 성별도 모르지만, 나중을 위해 일단 첫째 아이의 물건을 비우지 못하고 고이 보관하게 된다. 첫째 아이가 잘 쓴 물건은 잘 썼으니까, 첫째 아이 때 잘 사용하지 않은 물건은 혹시나 둘째 아이

때는 잘 쓸지도 모른다는 생각에 비우지 못한다. 그러다 보면 자연스럽게 물건이 늘어날 수밖에 없다.

아이가 있다는 이유로 미니멀라이프를 시도조차 못하는 사람들이 있다. 하지만 난 사람마다 상황에 맞게 뭐든 가능하다고 생각한다. 미니멀라이프도 자신만의 기준, 자신만의 속도를 정하면 된다. 어린 아이가 셋이나 있으니 아이들 베개도, 칫솔도 3개씩 있는 게 당연한 것처럼 아이가 다 큰 집이나 아이가 하나인 집과 비교하지 말자. 물려줄 물건들도 나 자신이 정리하고 기억하고 감당할 수 있을 만큼만 모아놓으면 된다. 예를 들어, 옷은 리빙박스에 80~90, 90~100 사이즈별로 보관하니 아이 성장에 따라 꺼내서 입히기 편했다. 신발도 필요한 시기가 되기 전까진 상자에 모아서 베란다에 놔두니 옷장과 신발장에는 지금 딱 필요한 것들만 있어 가볍게 생활할 수 있다.

'혹시 몰라서' '언젠가 쓸까 봐' 사용하지도 않으면서 가지고 있는 건 사실 내 기준이 없다는 의미이기도 하다. 혹시 몰라서? 나는 알아야 한다. 언젠가? 그 언젠가는 내가 정해야 한다. 말은 이렇게 하지만 사실 미니멀라이프를 실천한 지 6년이 된 나도 그런 핑계로 갖고 있는 물건들이 몇 개 있는데, 이번 기회에 보관 여부를 다시 고민해보고 비울 건 비워야겠다.

얼마 전에 한바탕 비워냈는데도
왜 티가 안 나는 걸까요?

그건 물건을 비울 때만이 아니라 물건을 살 때도 똑같아요. 한 개, 두 개 살 때는 티나지 않다가 어느 순간 보면 물건이 확 늘어나 있죠. 비울 때도 마찬가지예요. 처음 정리를 시작할 때는 티가 안 나는 것 같지만 어느 순간 보면 공간마다 여유가 보이기 시작할 거예요. '조금씩 꾸준히!' 계속 실천하다 보면요.

CHAPTER 5

부지런한
게으름

#시간

미니멀라이프라고 하면 대개 공간을 먼저 떠올린다. 《심 플하게 산다》의 "집은 '언젠가 쓰일' 물건들로 가득 채워진 요지부동 의 창고가 아니라, 꼭 필요한 물건만 가지고 안락하게 살 수 있는 공 간이어야 한다"는 문장은 상징적이다. 실제로 많은 미니멀라이프 책 들이 공간을 비우고 정리하는 것에 대해 이야기하고 있다. 나도 미니 멀라이프 초기에 선배 미니멀리스트들의 비어진 공간, 정리된 공간 을 보며 동기부여를 받았다. 내가 아직 정리하지 못한 부분에 대해 자 극도 받고, 대리만족을 느끼기도 했다.

미니멀라이프를 실천한 지 6년차인 지금은 공간이 정리되 고 여유가 생겼다는 것에는 비움 이상의 또 다른 의미가 있다는 것을 안다. 물건에 내 공간을 내준다는 것은 그것에 내 시간과 에너지까지 도 함께 내어준다는 뜻이다. 즉 공간에 여유가 생기면 그만큼 내 시간에도 여유가 생긴다.

미니멀라이프를 시작하고부터 "부지런하다"는 말을 많이 듣는데, 나는 원래 부지런한 사람이 아니었기에 그런 칭찬을 들으면 쑥스럽기만 하다. 아침 식사보다 잠을 택할 정도로 늦잠 자는 것을 좋아해서 회사 다닐 때도 겨우 일어나서 출근 준비를 했고, 주말엔 점심시간이 다 되어서야 일어나기도 했다. 결혼하면서 회사를 그만두고는 업무 마감에 대한 압박이 없다 보니 '오늘은 여길 청소 해야지' 하다가도 귀찮음에 자꾸만 미루다가 결국 아무것도 하지 않고 하루를 보낸 날도 많다.

엄마들이라면 공감하겠지만, 사실 아이가 태어나면 그 순간부터는 내 의지와는 상관 없이 부지런할 수밖에 없는데, 나는 이게 굉장히 스트레스였다. 새벽에도 깨는 아이를 돌보느라 늘 잠이 부족했고, 분명 부지런하게 열심히 사는 것 같은데 변하는 건 없고, 뭔가 하고 싶어도 늘 시간이 모자랐다. 첫째 아이를 낳고는 아무것도 모르는 초보 엄마라서 늘 허둥댔고, 둘째 아이를 낳았을 때는 챙겨야 할 아이가 둘이니 시간이 부족했다. 늘 아이들 핑계를 대며 시간이 없다, 여유가 없다, 정신이 없다는 말을 입에 달고 살았다.

한 번은 아이들로 인해 내 시간이 없는 것이 너무 답답하고 속상해서 남편에게 울면서 하소연한 적도 있다. "당신도 퇴근하면 집에 와서 또 육아를 해야 하니 힘들긴 하겠지만, 그래도 회사에서만큼은 평소대로 생활하지 않느냐"면서, "나는 아이들이 태어난 후 24시간이 바뀌었다. 회사는 휴가라도 있지, 육아는 단 하루도 쉴 수가 없으니 이러다가 우울증이 올 것 같다"며 엉엉 울었던 기억이 난다. 그래서 더 열심히 미니멀라이프에 매달린 것 같다. 집안일에 쏟는 시간, 육아에 쏟는 시간을 줄이고, 내 시간을 갖고 싶으니까. 그래야 나도 좀 쉴 수 있을 것 같아서.

그렇게 미니멀라이프를 하다 보니 조금씩 정리되는 집안처럼 내 마음에도 여유가 생기기 시작했다. 내가 그동안 쓸데없는 물건을 사느라 시간을 많이 낭비했다는 사실도 깨닫게 되었다. 핫딜 정보를 찾고, 비교 사이트를 들락거리며 물건을 구매하는 시간, 구매한 물건을 관리하고, 다 쓴 물건을 분리배출하는 일련의 과정은 그동안 인지하지 못했을 뿐 시간과 에너지가 정말 많이 들어가는 일이었다.

그런 시간을 줄여서 나를 위해 썼다면 그렇게까지 스트레스 받지 않았을 텐데, 그땐 그게 스트레스를 푸는 방법이라 생각했고, 나를 위한 쇼핑, 나를 위한 물건 관리라고 생각했다. 그런데 어느 순간 '나를 위한'은 빠져 있고, 물건을 위한 물건 관리를 하다 보니 육아까지 겹쳐서 스트레스가 극에 달했던 것이다.

나는 이제 핫딜 정보를 찾아보는 일이나 고장난 물건, 관리가 힘든 물건들에 더는 내 시간을 내주지 않는다. 집안일에는 한없이 게으르고 싶어 미니멀라이프를 더 열심히 한다. 집안일에 썼던 시간을 더 가치 있는 일에, 내게 소중한 사람과 나누고 싶다.

작은 것이 쌓이면
큰일이 된다

#우편물   #규칙

#처리   #깨끗한식탁

미니멀라이프를 시작했다고 해서 하루아침에 집이 확 변하지는 않는다. 나도 쓰레기와 자잘한 물건들부터 비우기 시작하니 미니멀라이프 초기에는 시각적으로 느껴지는 변화가 없었다. 그런데 어쩌면 그게 당연한 걸지도 모른다. 물건 하나 샀다고 해서 갑자기 집이 답답해 보이는 게 아니라 야금야금 모아온 물건들이 모여 어느 순간 집이 물건으로 가득 찬다. 비울 때도 작은 거 하나 비웠다고 티가 나는 게 아니라 그것들을 비우고 비우면 어느 순간 집이 가벼워진다. 그러니 물건 몇 개 비우고는 미니멀라이프를 시작한 티가 나지 않는다면서 조급해하지 말고, 그동안의 내 소비를 반성하며 좀 더 인내심을 가져보는 건 어떨까?

나도 열심히 비우다가도 가끔은 변화가 더딘 것 같아 힘이 빠질 때가 있는데, 그럴 땐 무리하기보다는 잠시 멈추고, 다시 힘이 생기면 그때 비우기 시작한다. 《멈추면 비로소 보이는 것들》이라는 유명한 책 제목처럼 잠시 멈추면 보이는 것들이 있는데, 그중 하나가 바로 우편물이었다. 휘리릭 뜯어 보고는 아무 생각 없이 식탁 위에 올려두었는데, 갑자기 그게 눈에 들어오면서 식탁 위가 굉장히 지저분해 보였다. 나는 미니멀라이프를 실천할 때마다 변화된 우리 집의 모습, 그리고 그 안에서 시간을 보내는 우리 가족의 모습을 상상하면서 물건을 비운다. 내 상상 속 식탁 위엔 이런 우편물이 없다. 아무것도 놓여 있지 않은 깔끔한 식탁이 내가 원하는 모습이었다.

과거의 나는 우편물이 오면 슬쩍 뜯어 보고는 일단 식탁 위에 올려두었다. 진짜 바빠서 그럴 때도 있었지만, 보통은 대충 봐도 짐작이 가는 내용이니 나중에 천천히 읽어보고 처리할 마음으로 한쪽으로 미뤄뒀다. 그러다 보면 우편물을 확인해야 한다는 사실을 잊을 때도 종종 있었다. 관리비, 가스비 등 고지서는 마감기한이 임박해서 납부한 적도 많았고, 중요도가 떨어지는 우편물은 나중에 보려고 미루다가 처리기한을 놓친 적도 있었다. 우편물은 확인 후 처리하면 그것으로 쓰임을 다한 건데, 이미 납부한 고지서도 버리지 않고 모아두니 그 양도 꽤 됐다. 나중에 금액 비교할 일이 생길까 봐 따로 모아둔 건데, 돌이켜보니 한 번도 비교한 적이 없었다.

그때부터 우편물에 대한 나름의 규칙을 정했다. 우편물이 오면 그 자리에서 즉시 확인해 바로 처리할 것, 시간을 두고 처리할 것, 버릴 것으로 분류한다. 고지서와 같이 바로 처리해야 하는 우편물은 그 자리에서 납부한 다음 바로 버리고, 시간을 두고 처리해야 하는 우편물은 가계부랑 같이 두었다가 잊지 않고 기한 내에 처리하고 있다. 광고 전단지나 개봉한 봉투 등은 확인과 동시에 버리니 식탁 위에 우편물이 쌓일 일이 없다.

사실 이런 분류는 시간도 얼마 걸리지 않고 어려운 일도 아닌데, 그동안 왜 이런 사소한 판단까지 바로 처리하지 못하고 미뤘는지 생각해보면, 중요한 일이 아니어서였다. 게다가 이름이랑 주소 부분은 그냥 버리기 찝찝하니 오려내고 버리는 작업이 귀찮아서 자꾸만 미뤘다.

그러나 사소한 일들이 모이면 큰일이 되어 내 시간을 더 잡아 먹는다. 이런 사소한 일을 바로바로 해결하면 물건에 끌려다니는 것이 아니라 내가 주도권을 가지고 물건의 보관 여부를 결정한다는 느낌이 든다. 주도권이 물건에서 나로 넘어왔을 뿐인데, 생각보다 뿌듯함이

크다. 이제는 쌓이는 우편물이 없으니 제때 처리하지 못해 불편을 겪는 일도 없고, 내 상상 속의 식탁을 현실로 가져올 수 있다.

사소한 일들이 모이면 사소하지 않게 돼 내 시간을 잡아 먹는다. 사소한 일을 하지 않은 나를 탓하게 되는 건 물론이다.

눈에 보이지 않는다고
사라진 건 아니다

#오디오플레이어 #노트북
#공간 #시간 #홀가분한마음

첫째 아이가 태어났을 때 음악을 자주 들려주고 싶어 구매했던 오디
오 플레이어. TV 틀어주는 것보다는 음악을 틀어주는 것이 아이에게
더 좋을 것 같았고, 아이 책들도 CD와 세트로 나오는 경우가 많아서
고민하다가 구매했다. 실제로 아이와 거실에서 시간을 보낼 때 동요
를 틀어두니 심심하지도 않고, 아이도 나도 따라 부르며 흥얼거리기
도 하고 자연스럽게 노래를 익힐 수 있어 유용하게 썼다. 아이 때문에
구매해서 잘 사용해왔는데, 안타깝게도 그 아이 때문에 고장이 났다.
이것저것 눌러보는데 조용하길래 그냥 뒀더니 순식간에 CD 커버를 잡아당겨 고장내버렸다. 아이 손이 닿는 곳에 둔 내 잘못이지 누굴 탓하겠나.

내가 살고 있는 지역엔 수리센터가 없다고 해서 그대로 두었더니 어느새 조용한 집에 적응이 되었고, 며칠 음악을 틀지 않았는데도 큰 아쉬움이 느껴지지 않았다. 이동할 때마다 차에서 음악을 틀어줬는데, 그것만으로도 충분하다는 생각이 들었다. 음악을 듣고 싶을 땐 언제든지 핸드폰으로도 들을 수 있으니 오디오 플레이어의 필요성은 점점 더 잊혀졌다.

거실 한편에 놓여 있는 모습을 볼 때마다 고쳐야 한다는 생각에 마음이 불편했지만, 그 마음도 조금씩 바뀌었다. '저걸 고친다고 얼마나 들을까?' 싶은 거다. 고치러 가기 귀찮아 자기합리화를 한 건지, 진짜 객관적으로 판단한 건지는 아직도 잘 모르겠으나 더는 내게 필요 없는 건 사실이었다. 그렇게 결정을 내렸으면 그냥 처분하면 되는데, CD 외에 다른 기능은 된다는 이유로 바로 비우지 못하고 잠시 붙박이장 구석에 넣어두었다. 고장났으면 빨리 고치든가, 고치지도 않고 쓰지도 않을 거면 비우면 될 것을 눈앞에서 치워버리는 것으로 불편한 마음을 모른 체했다.

이런 물건은 오디오 플레이어 말고도 하나가 더 있었는데, 바로 노트북이었다. 연식이 오래돼 많이 느려지기도 했고, 지금은 새 노트북이 있어 더는 쓸 일이 없어진 고장난 노트북 말이다. 인터넷을 찾아보니 그냥 버리면 정보 유출의 우려가 있어 반드시 하드디스크를 분리해서 버리라고 했다. 드라이버로 노트북을 분해하면 된다고 간단히 설명되어 있었지만, 일단 나중에 하자는 생각으로 미뤘다. 중요한 정보가 들어 있을까 봐 그냥 버리지는 못하겠고, 나사를 풀고 분해해서 따로따로 폐기하려니 생각만 해도 복잡하고 귀찮았다.

어느 날 아무 생각 없이 붙박이장을 열었는데, 그날따라 고장난 오디오 플레이어와 노트북이 눈에 확 들어오면서 '이것만 없어도 붙박이장을 넓게 쓸 수 있을 텐데…'라는 생각이 들었다. 붙박이장에 넣어두고 찾지도 않은 걸 보면 오디오 플레이어와 노트북은 더는 갖고 있을 이유가 없는 물건이었다. 이럴 줄 알았으면 더 빨리 비울걸. 결국 나는 우리 집의 한 공간을 비워야 한다는 생각과 마음으로 나의 시간 일부를 고장난 물건들에게 늘 내주고 있었던 셈이다. 오디오 플레이어와 노트북을 비우며 노트북 연결에 필요한 전선, 여분의 배터리, 노트북 가방도 함께 비웠다.

마음이 불편하다고, 시간 없고 귀찮다고 보이지 않는 곳으로 물건을 치우고 방치해왔는데, 눈에 보이지 않는다고 해서 사라진 것은 아니었다. 고쳐서 사용할지 처분할지 계속 결정하지 못하고 미뤘던 시간만큼 공간 활용을 제대로 못하고 있었던 것이니, 결국 나는 공간도,

시간도 둘 다 낭비하고 있었던 셈이다.

혹시 나처럼 어떤 공간을 열었을 때 계속 신경이 쓰인다거나, 혹은 그 공간에만 가면 괜히 뒤통수가 당기면서 얼른 모른 체하고 싶어진다면, 그 공간이 바로 당신이 정리해야 할 곳이다. 더는 귀찮다고 외면하지 말고 움직이는 게 공간도, 시간도 낭비하지 않는 방법이다.

소형가전
비우는 법

비우고 싶은 소형가전이 5개 이상일 경우 '폐가전 방문 수거 배출예약 시스템(www.15990903.or.kr)'을 통해 폐가전 수거 서비스를 신청할 수 있다. 5개 이하일 경우 지역마다 배출 방법이 다르므로 구청이나 주민센터에 문의해보면 좋다. 삼성전자 서비스센터(www.samsungsvc.co.kr)를 방문해 소형 폐전자제품 무상 처리를 요청할 수도 있다.

편한 게 있는데
번거로움을 샀다

#전기포트   #토스터

#익숙함   #여유

미니멀라이프 생활이 계속될수록 내가 가지고 있는 물건들이 다시 보였다. 그중 '없어도 괜찮지 않을까?'라는 생각이 든 물건이 바로 전기포트와 토스터였다. 원래 전기포트와 토스터가 없었을 때는 뜨거운 물이 필요할 땐 냄비에 물을 끓였고, 식빵을 구울 때는 프라이팬을 사용했다. 그 과정을 더 편하게 하기 위해 소형가전을 구매했던 건데 습관이 돼서 그런지, 소형가전을 사두고도 냄비와 프라이팬을 사용하는 때가 많았다.

'왜 그랬을까' 생각해보니 결국 관리 문제였다. 냄비는 쓰고 나서

물로 휘리릭 씻으면 되는데, 전기포트는 가끔 구연산을 넣어 안쪽에 있는 물때까지 제거해야 했다. 그리고 토스터는 빵가루가 나오는 받침 외에는 분해가 되지 않아 그 외 부분들을 설거지할 수 없다는 사실이 사용할수록 찝찝했다. 그러다 보니 점점 전기포트와 토스터를 사용하는 빈도가 줄었고, 익숙한 물건으로 다시 손이 갔다.

대체할 물건이 있어서인지 크게 불편하지 않아 전기포트와 토스터는 다른 물건들에 비해 비우기가 수월했다. 멀쩡한 소형가전이어서 중고판매를 했다. 그동안 없어서 못 쓴 것도 아니고, 있는데도 사용을 안 했으니 이런 물건은 비울 때도 전혀 아까운 마음이 들지 않았다. 소형가전이지만 하나둘 모이면 생각보다 자리를 많이 차지하는데, 두 개나 비워지니 그만큼 주방에 여유 공간이 생겨서 좋다.

편리함과 불편함, 그 사이에 익숙함이 있다. 익숙함이 불편보다 편리에 가까울 때 물건을 비울 수 있다.

설거지하는
모습을 상상하자

(#착즙기) (#블렌더)

(#사라진부담)

내가 결혼할 무렵 유행하던 착즙기. 엄마가 어디선가 보고 와서는 신
혼살림으로 꼭 사야 한다고 추천하셔서 구입한 물건이다. 그때까지
만 해도 살림을 해보지 않았으니 꼭 필요한지 아닌지도 몰랐지만, 살
림 선배인 엄마가 꼭 사야 한다고 하니 무조건 있어야 하는 건 줄 알
았다. '아침마다 신선한 과일주스를 만들어 먹으면 얼마나 좋을까?'
하고 착즙기를 사용하는 모습을 상상하니 있으면 좋을 것 같았다.

그러나 직접 살림을 하고 보니 내가 간과한 것이 하나 있었다. 내
상상 속에는 주스를 만들어 맛있게 먹는 모습만 있었지, 설거지하는

장면은 없었다. 주스를 만든 후 나오는 회전 브러시, 스무디 망, 주스 컵, 찌꺼기 컵 등 설거지할 부품만 8개였다. 고작 주스 한 잔 갈아 마셨는데, 식사 준비를 한 것마냥 개수대에 설거지거리가 넘쳤고, 설거지하는 시간도 오래 걸렸다. 그러다 보니 설거지가 싫어서 착즙기 사용하는 날이 점점 줄었다.

결국 뚜껑과 본체만 씻으면 되는 블렌더를 새로 구입했고, 지금까지 너무너무 만족하며 사용하고 있다. 종종 과일과 잎 채소를 넣어 그린스무디를 만들어 마시는데, 착즙기에 비하면 입자는 조금 굵지만 관리가 쉬우니 사용할 때도 부담이 없다. 아무리 맛이 좋다고 설거지의 귀찮음까지 이길 정도로, 나는 맛을 따지는 사람이 아니다. 착즙기는 고장난 곳도 없고 상태도 좋아서 나보다 더 잘 사용해 줄 사람에게 중고거래로 비웠다.

이 착즙기를 비우면서 다음부터는 물건의 사용법이나 사용 빈도뿐 아니라, 세척 방법까지 꼭 따져보고 구매하기로 마음먹었다. 사용하는 그 순간만 상상하며 구매하고, 결국 몇 번 쓰다가 애물단지로 만드는 실수는 다신 반복하고 싶지 않다.

**중고에 팔려고 올려놓은 물건이
생각보다 안 팔리는데, 그럴 땐 어떻게 하세요?
그냥 무료로 내놓기엔 아까워서요.**

저도 그런 물건이 있어요. 전 그럴 때 며칠 지난 후 새로 올려보고, 그래도 안 팔리면 가격을 좀 낮춰요. 천 원, 이천 원만 낮춰도 금세 나가더라고요. 만약 가격을 낮춰도 안 나가거나 그렇게까지 낮추긴 아깝다 싶으면, 주변에 필요한 지인이 있는지 물어보세요. 모르는 사람에게 무료로 주는 것보다 필요한 지인에게 나눠주면 아깝다는 마음도 들지 않고, 오히려 주는 기쁨이 있더라고요.

예쁜 쓰레기를
샀다

(#사과커터기) (#만족감)

(#사용빈도)

인터넷 쇼핑을 하다 보면 주방일을 도와주는 아이디어 상품이 종종 눈에 띄는데, 그중 하나가 바로 사과커터기였다. 사과를 접시에 놓고 위에서 눌러주면 여덟 조각으로 잘라주는 물건이었다. 사과커터기를 구매한 초반에는 "신기하지 않냐"고 남편에게 자랑까지 하며 정말 만족하며 사용했으나 시간이 갈수록 손이 가지 않았다. 아이들이 먹는 사과는 껍질을 깎아서 줬기 때문에 커터기로 자른 후에도 여전히 칼을 써야 했고, 이럴 바엔 처음부터 칼로 자르는 게 설거지거리도 적고, 시간도 더 적게 걸린다고 느껴져서 점점 사용하지 않았다.

지금까지 저렴하다는 이유로 일단 사서 쓰지도 않고 방치하거나 금방 고장나서 버린 물건들이 얼마나 많았는지 모른다. 그리고 인터넷으로 볼 때는 예뻐 보였는데, 막상 우리 집 공간에는 어울리지 않는 물건도 많았다.

특히 살림에 도움이 되는 아이디어 상품들은 하루가 멀다 하고 새로 쏟아지니 재미있기도 하고 신기하기도 해서 구경하다 보면 어느새 시간이 훅 흘러 있는데, 사과커터기를 비우며 생각하니 그렇게 구경하며 흘려보낸 시간들마저 아깝게 느껴졌다. 시간을 돈으로 따지면, 물건 값만 지불한 게 아니라 그것을 구경하고 고르면서 쓴 시간까지 지불한 셈이므로 전혀 저렴하게 산 게 아니었다.

고작 사과커터기 하나였지만, 이 물건을 비우며 그동안의 소비 습관을 돌아보는 계기가 되었다. 보통 이런 물건들을 '예쁜 쓰레기'라고 부르는데, 이제 더는 저렴하다는 이유로 예쁜 쓰레기를 구매하는 데 돈도, 시간도 쓰고 싶지 않다.

국민 살림템이라는 상품을 사는 데 쓰는 내 시간은 얼마일까. 무엇을 사려고 고민하는 시간에 그냥 행동하는 게 더 빠를지도 모르겠다.

쓰레기가
필요한 물건이 되는 시간

#아이스팩   #할인

#이웃   #적재적소

택배주문이 생활화되면서 식료품도 온라인으로 주문하는 경우가 많아졌다. 나도 종종 이용하다 보니 그때마다 자연스럽게 아이스팩이 생겼다. 최근에는 분리배출이 쉽도록 종이 재질에 물을 냉매로 사용하지만, 아직도 일부는 분리배출이 불가한 아이스팩이 배송된다. 이 아이스팩은 고흡수성수지를 냉매로 사용하기 때문에 절대 뜯지 말고 그대로 종량제 봉투에 버려야 한다.

겉으로 보기에 멀쩡한 아이스팩을 종량제봉투에 버린다는 것이 마음이 편치 않아 택배로 받은 식료품을 정리하며 일단 아이스팩도 냉동실에 같이 넣었다. 버리는 것보단 내가 가지고 있는 게 마음이 더 편했기 때문이다. 아이스박스를 이용할 때 쓰면 된다는 생각으로 하나씩 넣어뒀는데, 자꾸 쌓이다 보니 꽤 많은 공간을 차지하게 되었다. 더는 냉동실에 들어갈 자리가 없을 정도였다.

아무리 아이스팩을 버리는 마음이 불편하더라도, 더는 쓸 일이 없는데도 계속 쌓아둘 수는 없었다. 버리든, 누굴 주든 어떻게든 처리할 수밖에 없는 상황이 되었다. 다행히 집 근처 정육점에 물어보니 아이스팩은 늘 필요한 물건이라며 언제든 가져오라고 하셨다. 이럴 줄 알았으면 더 일찍 물어볼걸. 물어보는 게 어려운 일도 아닌데, 괜히 부끄럽기도 하고 거절당할까 봐 용기가 없어 그제야 물어봤다.

다음 번에 아이스팩을 가져다 드리자 사장님께서 고맙다며 고기

집 근처 정육점 또는 횟집에 필요 여부를 문의한다. 깨끗한 아이스팩만 모아서 가져다 드린다.

살 때 할인도 해주셨는데, 오히려 내가 더 감사했다. 나에게는 이미 쓰임을 다한 물건이지만, 적재적소에 있으면 쓰레기가 아니라 꼭 필요한 물건이 되는 기쁨을 느꼈기 때문이다. 어차피 사용이 끝난 물건을 비우려면 내 시간과 노력이 드는 건 마찬가지인데, 이왕이면 그 시간을 꼭 필요한 곳에, 기쁨이 되는 곳에 쓰고 싶다.

시간이 지나면
용도도 사라진다

#옷걸이   #경험
#기준   #도약

세탁소에 세탁물을 맡기면, 옷을 옷걸이에 걸어 비닐까지 씌워서 돌려받는다. 세탁물을 찾을 때마다 원치 않아도 옷걸이를 하나씩 받는 셈이다. 결혼 초에는 세탁소에서 주는 이 옷걸이가 그저 반갑기만 했다. 하나부터 열까지 전부 새로 사야 하는 신혼살림이라 옷걸이도 구매해야 했는데, 세탁소에서 준 덕분에 일부만 구매해도 됐기 때문이다. 사실 가구나 가전은 한 번 사면 끝인데, 이런 자잘한 물건을 구매하고 챙기는 게 더 어려웠다. 자잘한 물건을 고르는 나만의 기준도 없었고, 사야 하는 물건의 가짓수도 선택지도 많았기 때문이다. 이럴 때 이런저런 검색과 고민할 필요 없는 세탁소 옷걸이가 반가웠다.

세탁소를 자주 이용하지는 않았지만, 한 번 이용할 때마다 몇 벌씩 맡기니 그때마다 옷걸이가 조금씩 늘어났다. 옷을 거는 공간도, 가지고 있는 옷도 한정적인데 옷걸이만 계속 늘어나니, 어느 순간 옷장 전체가 지저분해 보일 정도였다. 처음에는 옷장 한쪽에 남는 옷걸이끼리 모아서 걸어 두고, 그다음에는 빨래 건조대로 옮겨서 빨래를 널 때 사용했다. 그래도 가지고 있는 옷보다 옷걸이의 양이 더 많아서 나중에는 옷걸이가 짐처럼 느껴졌다.

미니멀라이프를 시작하고 옷걸이도 쓰는 것만 놔두고 나머지는 비워야겠다는 생각이 들었다. 비교적 비움 난이도가 쉽게 느껴지는 물건이었다. 분리수거장에 가져다 놓기 전에 혹시나 싶어 세탁소 사장님께 옷걸이를 돌려드려도 되는지 여쭤보니 좋다고 하셨다. 어떻게 보면 옷걸이도 세탁소의 자산이니 사장님 입장에서는 반가운 일일 테고, 나도 그냥 버리는 것이 아니라 재사용된다니 더 기쁜 마음으로 드렸다. 혹시 다른 세탁 시설의 옷걸이도 같이 드려도 되는지 여쭤보니 흰색 철사로 된 옷걸이라면 괜찮다고 하셔서 기업형 세탁시설에서 받은 옷걸이도 같이 드렸다.

상태가 좋지 않은 옷걸이는 어쩔 수 없이 고철류로 분리배출했는데, 앞으로는 세탁물을 찾을 때부터 아예 옷걸이는 받지 말아야겠다고 생각했다. 지금은 살림 연차가 늘어나면서 물건을 구매한 경험도 많아지다 보니, 자잘한 살림살이를 구매하는 나만의 기준도 생겼기 때문이다. 꼭 필요한지 아닌지 생각하는 건 기본이고, 구매한다면 색상이나 디자인이 물건을 놔두려는 공간에 어울리는지, 다용도로 사용이 가능한지도 고려한다. 살림 초기 세탁소 옷걸이가 다용도의 역할을 잘 해주었다. 다용도의 효과를 알려주고, 반납하는 과정에서 물건의 제자리를 찾아 주는 기쁨을 알게 해준 고마운 존재다. 덕분에 나의 미니멀라이프가 한 단계 도약할 수 있었다.

집 근처 세탁소에 반납 가능한지 문의하고, 상태가 좋은 옷걸이만 모아서 가져다 드린다. (기업형 세탁시설은 본사 정책상 반납이 불가하다.)

물건에 담긴
마음을 들여다보는 시간

(#에어캡) (#죄책감)
(#재사용)

택배로 물건을 주문하면 물건보다 더 먼저 마주하게 되는 포장용 에어캡. 박스를 뜯고, 이 에어캡까지 제거해야 비로소 내가 주문한 물건을 손에 쥘 수 있다. 지금은 종이 완충제를 이용하는 곳도 많고, 완충제 없이 주문한 물건만 상자에 넣어 배송해주는 곳도 많아졌지만, 여전히 비닐 에어캡이 많이 쓰인다.

처음에는 깨질 위험이 있는 물건에만 사용했던 것 같은데, 언젠가부터 깨질 위험이 전혀 없는 물건에도 에어캡이 둘둘 말려 있었다. 아마도 고객에게 물건을 더 안전하게 배송하겠다는 이유겠지만, 어떨

땐 내가 물건을 주문한 건지, 에어캡을 주문한 건지 헷갈릴 정도로 과대, 이중 포장되어 배송될 때도 많다.

에어캡은 비닐류로 재활용이 가능하지만, 잠깐 택배배송에만 이용된 깨끗한 에어캡을 분리수거장으로 보내려니 아까운 마음이 들었다. 나는 뭐가 이렇게 아까운 게 많은 사람인지… 새 물건이나 깨끗한 물건이라면 쓸 일이 없어도 버릴 때마다 죄책감이 든다. 마치 물건이 나에게 "날 어떻게 그냥 버릴 수 있어요? 당신은 물건을 함부로 대하는 사람이군요!"라고 말하는 것만 같았다. 그래서 에어캡을 차마 비우지 못하고, 포장할 일이 있으면 재사용하려고 베란다 한편에 차곡차곡 모으기 시작했다. 평범한 가정집에서 택배를 보낼 일은 거의 없으니, 결국 에어캡을 소진하는 횟수보다 새 에어캡이 생기는 속도가 더 빨라 어느새 박스 하나가 에어캡으로 가득 찼다.

쌓여가는 에어캡을 보니 미니멀라이프를 시작하자마자 제일 먼저 비웠던 비닐봉지와 쇼핑백이 생각났다. '그래, 쓰임이 끝난 물건은 비우는 게 맞는데, 내가 그새 초심을 잃고 다시 물건을 쌓아두었네' 생각했다. 별것 아닌 물건에조차 감정을 부여하고 있었다는 사실도 새삼스레 다시 알게 되었다.

나와 미니멀라이프를 함께 실천하는 멤버 중에도 육아용품 '박스'를 버리지 못하고 베란다에 모두 보관하는 사람이 있었다. 이유를 물어보니 중고판매를 할 때 조금이라도 더 잘 팔리고 남겨두었다고 했다. 그런데 그 박스들 때문에 베란다 활용을 전혀 못 하다 보니 베란다에만 나가면 마음이 답답해져서 어떻게든 정리하고 싶다고 했다. 드디어 정리를 하려고 마음먹은 날, '진짜 버릴까? 박스가 없어도 물건이 잘 팔릴까? 버렸다가 후회하면 어쩌지?' 별생각을 다 하다 보니 그동안 '박스가 없어서 팔리지 않으면 어쩌지?'라는 막연한 불안 때문에 버리지 못했다는 것을 알게 되었다고 했다. 불안한 감정을 내려놓고 '팔릴 물건은 어떻게든 다 팔릴 거다. 그냥 박스 없이 오천 원 더 싸게 내놓지 뭐' 하고 마음을 바꾸고 나서야 베란다 공간을 되찾을 수 있었다. 최근 그 베란다에 대해 물어보니 그 박스를 아직도 가지고 있었으면 너무 억울했을 것 같다며, 새로 생긴 베란다 공간이 훨씬 좋다는 이야기를 전해주었다.

그 사람은 미래에 대한 불안감에 그동안 물건을 버리지 못했다면, 나는 죄책감에 에어캡을 버리지 못했다. 버리지 못한 물건에 담긴 내 감정을 살피고, 그 감정까지 정리되어야 비울 수 있는 것이 있다. 다행히 포장용 에어캡은 우체국에서 택배 업무를 할 때 많이 필요하다는 사실을 알게 되어, 집 근처 우체국에 모아둔 에어캡들을 모두 가져다 드렸다. 나도 지금까지 에어캡을 가지고 있었으면 그 물건을 놔둔 공간과 시간을 낭비했다는 생각에 후회했을 것 같다. 그냥 버렸다면 죄책감에 시달리기도 했을 거다. 업체의 에어캡 사용을 당장 막을 수 없으니 재사용될 수 있도록 돕는 게 내 마음에 맞는 미니멀라이프인 것 같다.

집 근처 우체국에 필요 여부를 문의한 후 깨끗한 포장용 에어캡만 모아서 가져다 드린다.

CHAPTER 6

나는 내가
만든다

#나

나에게도 꽃다운 시절이 있었다. 학교가 끝나면 친구들이랑 '뭐 먹을까? 어디 놀러갈까?' 고민하기도 하고, 어느 날은 진지하게 '뭐 하고 살지? 이 많은 회사들 중에서 내가 일할 수 있는 곳이 있긴 할까?' 불안해하기도 하고, 그러다가 해보고 싶은 꿈이 생겨 앞만 보고 달려가기도 하던 시절 말이다. 내 미래를 고민하고 불안해하던 시기이기도 했지만, 내가 하고 싶은 일, 내가 좋아하는 일에 맘껏 도전해보고, 오롯이 나에게 집중하던 시기이기도 했다. 그리고 나는 그때 내가 했던 일이 평생 직업이 될 거라고 생각했고, 결혼을 해도 당연히 일을 할 줄 알았다.

나의 생각과는 다르게 결혼을 하며 직장을 그만뒀고, 남편을 따라 처음으로 서울을 떠나 다른 지역에 살게 되었다. 동네도 익숙하지 않은 곳에서 아이를 낳고, 육아를 하다 보니 자연스럽게 일 그리고 꿈이란 건 나와는 먼 이야기가 되었다. 나는 나 자신보다는 엄마와 아내로서의 삶을 더 열심히 살고 있었다. 물론 그 생활이 싫었거나 후회되는 건 아니다. 그땐 그 나름대로 행복했고, 결혼과 출산으로 달라진 내 삶에 적응하고 집중할 시기이기도 했으니까 말이다.

그런데 종종 친구들과 통화할 때마다 "회사에서 무슨 프로젝트를 했는데, 이번에 성과가 좋았다, 승진했다" "오늘 월급 날이라서 ~할 거다" 같은 이야기를 들으면 왠지 모르게 답답했다. '나도 계속 일했다면 지금쯤은 승진도 하고 경력도 많이 쌓이지 않았을까?' 생각하면서 내가 그만둔 길에 대한 아쉬움이 들었고, 나만 사회생활에서 뒤처지는 것 같아 조급해졌다.

사회생활뿐이 아니었다. 개인 삶의 방향과 반경이 달라지고 있음을 느꼈다. 어른이 되어 자신이 번 돈, 어딘가에 매이지 않는 시간을 발판 삼아 여행을 다니는 친구들은 어렸을 적 우리가 몰랐던 새로운 세계를 보고 느꼈다. 작게는 음식부터 크게는 다른 삶이 있고 그렇게 살아갈 수도 있다는 태도까지, 그들은 알고 나는 모르는 게 더 많아질까 봐 조급해졌다. 친구들은 자신의 새로운 모습을 발견하고, 더 나은 모습으로 발전해가는데 나는 집에 있다는 이유로 그대로일 것만 같아 두려웠다.

'아이들이 클 때까지만 참아야지. 아이들이 크면 그땐 나도 내가 하고 싶은 일, 내 꿈을 다시 찾아야지'라고 생각했는데, 돌이켜보면 그건 나의 엄청난 착각이었다. 이미 나도 일을 하고 있었다. 꼭 어딘가에 고용되어야만 직업이 생기고 일을 할 수 있는 것이 아니라 '주부'도 엄연히 하나의 일이었다. 사회에서 '경단녀(경력 단절 여성)'라고 하니까 그동안 내 경력이 멈췄다고 생각했는데, 바꿔 생각하니 나는 다른 분야에서 성장하고 있었다. 지금 이곳이 현재 나의 직장이고, 내 일이고, 아이들이 자라는 만큼 나도 함께 성장하고 있었는데, 그걸 모르고 살았다.

회사는 내가 그만둬도 다음 날 바로 다른 사람을 채용할 수 있지만 엄마, 아내의 자리는 쉽게 그만둘 수도 없고, 다른 사람이 그 자리를 대신할 수도 없다. 어떻게 보면 회사생활보다 더 중요하다고 생각하니 그때부터는 내가 하는 '주부'라는 일에 책임감, 사명감까지 느껴졌다.

회사를 관리하는 걸 경영이라고 하는데, 아이들을 키우고 집이라는 공간을 관리하는 것도 하나의 경영이다. 가정도 하나의 작은 사회라고 하지 않는가. 내가 하는 일이 단순한 집안일이 아니라 하나의 살림을 경영하고 있다고 생각하면 같은 일이라도 다르게 느껴진다. 나는 지금 경영 실무를 하고 있는 중이고, 우리 가족이 생활하는 공간, 먹는 음식, 가정 경제 등이 모두 나의 손을 거쳐 이루어진다고 생각하니 내가 하는 일이 정말 중요하고, 잘 경영해보고 싶어진다.

이런 사실을 미처 몰랐던 삶 속에서 나도 조금은 달라져 있었다. 엄마나 아내가 아닌 나에게 어울리는 옷은 뭔지, 생활복 외에 필요한 옷은 무엇인지, 내가 행복한 순간은 언제인지, 내 마음을 단단하게 하는 법 등을 찾아가고 있었다.

미니멀라이프가 아니었다면 집안일에 끌려다니며 과거의 나 그리고 다른 처지에 있는 친구들과 비교하며 살았을 것이다. 이젠 엄마도 아내도 아닌 나, 그리고 내게 주어진 상황에 대해 다시 생각한다. 내가 누군지 알고 내가 경영할 수 있을 만큼의 규모와 방향과 현재 집중해야 할 것이 무엇인지를 잘 안다. 이 여정이 앞으로도 즐겁고, 더 좋은 방향을 향할 것이라고 믿는다.

사계절을 보내는 데
50벌이면 충분하다

#옷   #200벌

#50벌   #사계절

일본의 유명 정리 컨설턴트인 곤도 마리에는 미니멀라이프를 하고
싶으면 옷부터 정리하라고 한다. 옷 욕심이 많던 나에게는 쉽지 않은
일이었다. 만약 그 말부터 들었더라면 아예 미니멀라이프를 시도조
차 하지 않았을 정도로, 옷은 나에게 중요했다. 쇼핑몰 몇 군데는 자
주 찾는 사이트로 등록되어 있었고, 모델들이 입은 옷을 보며 '내 옷
들과 매치하면 어떤 느낌일까?' 상상하는 것도 매우 좋아했다. 보다
보면 한두 벌씩은 꼭 장바구니에 담고 그중 몇 벌 사는 건 쉬운 일이
었다. 같은 디자인의 옷을 색상별로 구매하는 것도 좋아했다. 맘에

쏙 드는 옷을 발견하면 이런 기회가 흔치 않다며, 지금 안 사면 나중에 후회한다며 잔뜩 구매했다. 미니멀라이프를 시작하고도, 옷은 영원히 비우지 못할 거라고 생각했다.

지금은 옷을 왜 비워야 하는지, 옷을 비우면 뭐가 좋은지 술술 말할 수 있지만, 당시엔 '이 옷은 기본 아이템이니까 못 비워' '이 옷은 자주 입지는 않지만 특별한 날을 위해 가지고 있어야 해' '이 옷은 살 빼면 입을 거야' '이 옷은 몇 번 못 입어서 더 입어야 해' '올해는 안 입었지만 내년에는 입을 거야' '외출복으로 입기에는 낡았지만 홈웨어로는 괜찮아' 등 왜 갖고 있어야 하는지, 어떤 이유로 비우지 못하는지 계속 말할 수 있었다. 물건을 비우겠다고 마음먹었지만 옷 비움만큼은 너무나도 방어적이었다.

그런 나였기에, 옷을 비우던 날을 아직도 생생하게 기억한다. 계절옷을 정리하던 참이었다. 행거 두 칸과 서랍 두 칸, 그리고 리빙박스 3개에 든 옷이 200벌이 넘었다. 250벌까지 세다가 충격을 받아 그 자리에서 비울 옷들을 골라내기 시작했다. 그동안 그렇게 비우기 힘들어하던 옷이었는데, 내가 가진 물건의 양을 객관적으로 보자 비우지 않을 수 없었다. 물건을 전부 꺼내 그 양을 눈으로 직접 확인하는 게 정리의 1단계인데, 그동안 옷 욕심에 눈이 멀어 이 많은 옷들이 눈에 보이지 않았다니, 내가 봐도 내가 신기할 정도였다.

그 많은 옷들 중 결혼 후 한 번도 입지 않은 옷, 체형이 변해 입지 못한 옷, 상태가 좋지만 왠지 손이 가지 않는 옷들이 생각보다 많았다. 작년에도 버릴까 말까 고민하다가 내년에는 꼭 입을 거라며 꾸역꾸역 다시 보관했는데, 결국 입지 않았다. 다시 남겨둔다고 내년에는 입을까? 어디에 얼마나 입고 갈 수 있을까? 예전과 달리 아니라는 생각이 들며 미련 없이 비울 수 있었다.

이제는 사계절 옷 전부 합쳐 50벌 정도만 갖고 있다. 옷장을 열었을 때 모든 옷이 한눈에 보이니 어떤 옷이 있는지 파악하기 쉬워 불필요한 옷 쇼핑이 줄었다. 매번 계절이 바뀔 때마다 입을 옷이 없다며 새옷 살 궁리만 했는데, 이제는 입을 옷이 많아 쇼핑을 할 생각조차 들지 않는다.

예전엔 계절별로, 디자인별로 모든 옷을 가지고 있어야 한다고 생각했는데, 이젠 한 가지 옷으로도 다양하게 연출해서 입을 수 있다는 것을 알게 되었다. 특히 원피스류는 다양하게 활용하기 좋다. 봄과 가을엔 원피스로 입고, 조금 추워지면 니트 조끼를 걸쳐 입고, 한겨울에는 속에 티셔츠를 입고 기모 스타킹까지 신으면 따뜻하다. A 티셔츠에는 B 바지, C 니트 티에는 D 치마 이런 식으로 옷마다 대략적인 코디가 정해져 있다. 입을 수 있는 옷의 조합은 더 늘었는데, 오히려 옷장은 더 가벼워지고 옷 고르는 시간도 줄어 그만큼 외출 준비가 여유로워졌다.

    나의 미니멀라이프 입문서인 《심플하게 산다》에서는 '옷을 적게 소유하면 인생을 고달프게 하는 문제 하나가 사라진다'는 문장이 나온다. 나에게는 문제 하나가 아니라 여러 개가 사라졌다. 옷 쇼핑에 보내던 시간과 돈이 줄었고, 아침마다 옷 고르는 시간도 줄었고, 무엇보다 계절이 바뀔 때마다 옷을 교체하지 않아도 돼서 너무 편하다. 계절마다 리빙박스를 꺼냈다 넣었다 하는 일이 은근히 번거롭고 에너지가 많이 들었기 때문이다. 잡지에 나올 법한 그 어떤 호화로운 드레스룸보다 내가 좋아하고 자주 입는 옷들로 채워진 지금의 내 옷장이 훨씬 마음에 든다.

나의 퍼스널컬러로
옷 비우기

퍼스널컬러를 알면 나에게 어울리는 색을 알게 되어 옷을 비우는 게 한결 수월하다. 예를 들어 나의 퍼스널컬러는 '겨울 쿨 딥'톤이다. '겨울 쿨 딥'톤은 흰색보다는 검은색, 파스텔보다는 선명한 색, 골드보다는 실버가 어울리며, 피해야 할 색은 노란 색이 섞인 색상이다. 그동안 자주 손이 가지 않던 옷들이 있었는데, 퍼스널컬러를 알고 보니 다 내가 피해야 할 색의 옷이었다. 퍼스널컬러를 알면 앞으로 옷을 살 때도 어떤 색상, 어떤 스타일의 옷을 사야 하는지 도움이 된다.

한 번의 경험이
버팀목이다

#정장   #충동구매

#새옷   #내스타일

한 차례 옷 정리를 하며 한 해 동안 입지 않은 옷들을 비웠지만, 정장과 새옷은 차마 비울 수 없었다. 결혼 전 내 옷장에는 평상복보다 정장이 더 많았는데, 회사를 다니면서 하나씩 사 모았기 때문이기도 하지만, 개인적으로 정장 특유의 깔끔하고 정돈된 스타일을 좋아하기도 해서 정장을 많이 갖고 있었다. 그중 몇 벌은 세트로 비싸게 주고 구매한 터라 그 가격이 자꾸만 생각나 비울 수 없었다. 그리고 새옷은 말 그대로 태그를 떼지 않은 것도 있었고, 몇 번 입지 않아 새 상품이나 마찬가지인 옷이어서 그냥 비우기엔 아까웠다.

"저는 진짜 못 버려요" "이것도 소중하고, 저것도 소중해서 저는 미니멀라이프, 자신 없어요"라고 말했던 사람들도 한 번 비우기 시작하면 탄력이 붙어서 쭉쭉 비워낸다. 그래서 그 '한 번'의 경험이 진짜 중요한데, 나에게는 옷이 그랬다. 옷을 한 차례 비우며 느꼈던 그 개운함! 그 쾌감을 또 느끼고 싶었고, 여유 있는 공간의 매력을 알게 되니 옷장에 지금보다 더 여유가 있었으면 좋겠다고 생각했다. 이를 버팀목 삼아, 한 차례 옷을 비우며 얻은 자신감을 더해 정장과 새옷도 비우기로 마음먹을 수 있었다. 역시 마음먹기까지가 힘들지, 그 뒤로는 순식간이었다.

정장은 대부분 비싸게 주고 구매한 것들이라 중고판매로 헐값에 올리기보다는 지인들을 불러서 나눠주는 게 더 나을 것 같았다. 먼저 사진을 찍어서 필요한 지인이 있는지 물어본 후에 옷에 딱 어울리는 주인이 나타나면 나눠주었고, 남은 옷 중에서도 색상이나 디자인이 나에게 어울리지 않으면 중고판매로 비웠다. 어차피 갖고 있어도 몇 번 안 입을 게 뻔하다는 걸 경험으로 알았기 때문이다. 사실 그런 옷들은 살 때부터 그렇게 자주 입지 못할 걸 조금은 예상했다. 그럼에도 하나쯤 갖고 싶어서, 때론 기분 전환용으로 그냥 샀는데, 결국 한두 번 입고는 손이 가지 않았다. 중고판매로 비우면서도 '이게 무슨 돈 낭비, 시간 낭비인가' 싶었다.

결국 옷장에 남은 건 자주 입는 옷, 입었을 때 편한 옷들이었고, 나에게 어울리는 옷들이었다. 아마 옷 비우기를 해본 사람들은 공감할 것이다. 비우고 비우다 보면 결국 내가 좋아하는 스타일이 무엇인지, 나에게 어울리는 옷이 무엇인지 더 잘 알게 된다. 옷이 적어질수록 내가 남긴 옷들의 공통점이 확연하게 드러나기 때문에 내 스타일을 더 잘 파악할 수 있다.

정장과 새옷을 비우기 전엔 아깝다는 생각이 조금 있었는데, 나눔 받은 지인들이 좋아하고, 중고거래로 나보다 더 어울리는 사람이 가져가니 오히려 내가 더 기뻤다. 아무리 비싸게 산 옷, 새옷이라 하더라도 입지 않고 옷장에 모셔 두기만 하면 아무런 의미가 없는데, 이제야 옷의 가치를 찾은 듯했다. 아마 옷 입장에서도 내 옷장에서 빛도 못 보고 가만히 있는 것보다 다른 사람의 옷장에 가서 더 자주 사용되는 게 좋을 것이다.

옷
비우는 법

중고 의류를 기부받아 국내외 소외계층을 돕는 비영리법인 '옷캔'을 통해 입지 않는 옷을 기부할 수 있다. 심하게 오염되거나 훼손되어 재사용이 불가능한 옷을 제외하고 대부분 기부 가능하다. '옷캔' 홈페이지(otcan.org)를 통해 신청서를 작성한 후, 택배 예약 또는 직접 택배사를 선택하여 주소지(대전광역시 중구 오류로 53)로 발송하면 된다.

옷캔 기부 가능 품목 : 사계절/남녀노소 모든 의류(신생아 포함), 모자, 가방(어린이집 가방 포함), 신발, 벨트, 속옷 등의 의복 관련 품목, 솜이나 충전재가 없는 얇은 이불, 담요, 수건, 작은 인형
기부 불가능 품목 : 찢어짐, 오염이 심하거나 훼손된 의류, 한복, 무술복 등 특수복, 인라인스케이트, 장화, 슬리퍼, 도서, 장난감, 학용품, 기타 생활 잡화(커튼 등)

내 옷 중
내 옷이 아닌 것

#한복   #정장

#대여   #나다움

결혼 준비를 하며 부모님에게 등 떠밀려 한복을 맞췄다. 입을 일이 자주 없을 거라는 걸 알면서도 그때는 그게 최선의 선택이었다. 내가 우리 집안의 첫 결혼인 데다, 결혼식이 당사자만의 일은 아니었기에 어느 정도는 부모님의 의견을 따라야 했다.

　역시나 결혼식 이후 단 한 번도 입을 일이 없었다. 엄마는 동생 결혼식, 친척 동생 결혼식이 줄줄이 있을 예정이니 그때까지 어떻게든 가지고 있으라고 신신당부하셨지만 동생 결혼식 때도, 친척 동생 결혼식 때도 한복을 입는 일은 없었다. 동생 결혼식 때는 막내를 임신

중이어서 한복이 맞지 않았고, 친척 동생 결혼식에서는 내 또래의 친척들이 아무도 한복을 입지 않는다고 해서 다 같이 정장을 입었다. 몇 번의 결혼식을 치러보니, 앞으로 다른 친척들이 결혼하더라도 한복을 입을 것 같지는 않았다.

그렇게 계속 보관만 하다가 결국 결혼 7년 만에 아름다운가게에 기부했다. 한복은 비싸게 맞춰 몇 번 입어보지도 못했기 때문에 상태만 보면 정말 아까웠지만, 입지도 않으면서 계속 가지고 있는 것보다는 필요한 사람에게 기부하는 것이 더 좋다고 생각했다. 중고로 판매하는 방법도 있었으나 한복도 유행이 있어 맞춘 지 몇 년이나 지난 한복은 판매하기 쉽지 않았다. 역시 물건 사기는 쉬워도, 팔거나 비우려면 힘들다는 것을 다시 한 번 느꼈다.

생각해보면 한복이 내 옷이긴 했지만 내가 선택한 것, 진짜 나를 위한 것은 아니었다. 부모님 의견을 따라, 다들 결혼할 때 한복을 맞추니까, 사회적 통념상 그렇게 받아들였던 옷이다. 그러니 내 옷인데도 내 옷이라는 생각이 들지 않았고, 오랫동안 입지 않은 것이다.

주변에 결혼을 준비하는 사람이 있다면, 한복은 맞추지 말고 대여하라고 조언해주고 싶다. 직접 구매하는 것이나 대여나 가격 차이가 얼마 나지 않는다고 하더라도, 평소에 입을 일이 없는 한복을 관리하고 보관하는 수고를 생각하면 대여하는 게 훨씬 이득이다. 그리고 나도 앞으로는 한복처럼 특정 이벤트 때만 필요한 옷은 구매하지 않고 대여하는 방법을 생각해볼 것이다. 한복을 비우면서 앞으로는 이렇게 사회적 통념에 맞춰 사는 것들에 어디까지 내 돈과 시간을 쓸 것인지, 어느 정도 맞추는 게 가장 나다운 것인지를 생각해보는 계기가 되었다.

한 번의 이벤트보다 나다운 일상을 가꾸는 게 더 중요하다.

잠자는 시간에도
내가 있다

#실내복   #잠옷

#자존감

한 해 동안 입지 않은 옷, 비싸게 구입한 정장과 새옷만큼이나 비우기 힘들었던 게 보풀 나고 늘어진 헌옷이었다. 옷 외에 다른 물건들은 버려도 아깝지 않은 쓰레기나 고장난 것부터 버렸기 때문에 '보풀 나고 늘어진 옷은 왜 못 비우지? 헌옷도 쓰레기나 고장난 물건 비운 것처럼 똑같이 비우면 되지 않나?'라고 생각할 수도 있는데, 그리 간단한 문제가 아니었다. 보풀이 생기고 늘어났다는 것은 그만큼 내 손이 자주 가고, 입었을 때 편한 옷이라는 뜻이니 잠옷으로 입기에 딱 좋았다. 특히 기본 반팔티는 소재가 면이어서 입었을 때 더 편했고, 조금 늘어나도 어차피 집에서 입는 거니 크게 신경 쓰이지 않았다. 이런 이유로 헌옷을 하나둘씩 버리지 않고 남겨 두었더니, 어느새 필요 이상으로 넘쳐났다. 옷장을 열면 죄다 우중충해서, 보는 마음이 하나도 기쁘지 않았다.

마음 한구석으론 '나도 집에서 예쁜 옷을 입고 살림하고, 잘 때도 예쁘고 깨끗한 옷을 입고 싶다'고 생각하면서, 현실은 보풀이 생기고 다 늘어난 옷을 입고 있었다. 주부로 생활하다 보면 문득 그런 생각이 들며 한없이 자존감이 낮아질 때가 있는데, 이날 옷장을 열며 그런 생각을 했던 것 같다. 외출할 일이 없는 날엔 아침에 일어났을 때 입고 있던 옷 그대로 오후까지 생활할 때도 있었는데, 일상과 취침 시간을 확실히 구분하고 싶기도 했다.

그래서 고민하다가 제대로 된 잠옷 두 세트를 들이고, 보풀 나고 늘어진 오래된 옷들은 전부 비웠다. 잠옷을 고르면서 '어떤 재질로 입었을 때 제일 편할까? 나한테는 무슨 색이 어울리지? 바지가 편할까? 치마 잠옷이 편할까?' 등 오롯이 나에게만 집중하며, 오랜만에 나를 위한 소비를 했다.

진작 이렇게 할걸. 일단 서랍장이 가벼워져서 좋고, 잠옷으로 갈아입을 때마다 기분이 너무 좋다. 내가 원했던 일상복과 잠옷의 경계도 확실히 구분되었고, 보풀 나고 늘어진 옷이 아니라 제대로 된 옷을 갖춰 입으니 나를 더욱 소중히 여기는 느낌도 들었다. 지금도 다른 건 몰라도 잠옷만큼은 제대로 준비해둔다. 과거의 나처럼 나만 뒤처지는 것 같고, 열심히 일상을 사는데도 힘이 나지 않는 순간이 있다면, 보풀 나고 늘어진 실내복은 비우고 마음에 드는 잠옷을 새로 준비해보면 어떨까. 그것만으로도 기분이 산뜻해지면서 나를 소중히 여기는 느낌이 들 것이라 믿는다.

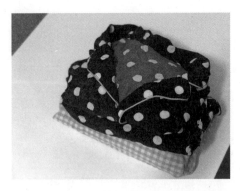

잘 때도 나를 돌보는 시간이다. 잠옷 하나로 산뜻한 기분으로
하루를 마무리하고 시작할 수 있다.

명품의 가치는
내가 결정한다

#가방   #활용도

#진짜가치

20대 초반, 친척 분께 핸드백을 선물 받았다. 나중에야 그 가방의 가격을 알게 되었는데, 내게 있는 것 중 가장 비싼 가방이었다. 친척 분은 신입생이 된 기념이라며 아껴서 들라고 선물해주셨는데, 너무 아껴 들었는지 가방을 갖고 있던 10년 동안 들고 다닌 기억이 다섯 손가락에 꼽을 정도다.

대학생 때는 전공 책을 넣기에 사이즈가 너무 작았고, 학교를 가지 않을 때엔 평소 입고 다니던 옷 스타일에 어울리지 않아서 들 수 없었다. 회사원이 되면 들 줄 알았는데, 지갑과 핸드폰 정도만 들어가는 사이즈라 들고 다니기 불편해서 결국 다른 가방을 들고 출근했다. 가방은 들고 다니지 않으면 아무 가치가 없는데도 선물 받았다는 이유로, 비싼 가방이라는 이유로 버리지도 못하고, 누구를 주지도 못하고 갖고만 있었다. 미니멀라이프를 시작하고도 한참이나 지나서야 동생에게 필요한지 물어보고 선물로 주었다. 명품에 관심이 없고, 그 가치를 정확히 모르기 때문에 쉽게 줄 수 있었던 것 같기도 하다. 동생에게 주었으니 아쉬우면 언제든 다시 받아오려고 했는데, 다행히 지금

가운데 하단에 있는 검정색 핸드백을 비웠다. 핸드백은 그 가치를 알아주는 사람에게 갔고, 나는 남겨진 가방의 실용성, 핸드백 하나가 비워진 공간의 소중함을 알게 됐다.

까지 한 번도 아쉬운 마음이 든 적 없다.

　돌이켜 생각해보니 나에게 중요한 가치는 가격이 아니라 활용도다. 내가 자주, 편하게 들고 다니는지가 그 가방의 진짜 가치를 결정한다. 아무리 비싸고 귀한 가방이어도 수납장 구석에만 있으면 그게 만 원짜리 가방이든, 100만 원짜리 가방이든 아무 의미가 없다. 나에게 의미 없는 물건은 내 곁에 두지 않는다.

나의 새 출발에
또각 구두는 필요 없다

#신발   #구두

#편한구두   #응원

결혼 전까진 나도 직장인이었던 만큼 구두가 많았다. 내가 다녔던 회사는 정장을 입고 출근하는 분위기라 나도 늘 정장에 어울리는 구두를 신었고, 그에 맞게 색상별, 디자인별, 높낮이별로 다양한 구두를 갖고 있었다. 갓 입사했을 때는 정장을 차려 입고, 구두를 신고 또각또각 걸어다니는 선배들이 멋있어 보였다. 다들 잘만 신고 다니는 것 같은데, 나만 발뒤꿈치도 자주 벗겨지고, 발이 붓고 아프며 불편한 건지 의아했다. 오래 서 있을 일이 많은 날엔 발이 너무 아파서 당장 구두를 벗어버리고 맨발로 걷고 싶은 심정이었다.

결혼하고 회사를 그만두니 구두를 신을 일이 경조사 외엔 없어 정말 좋았다. 그럼에도 버릴 수는 없었다. 구두만 보면 신입사원 시절 원하는 직장에 들어가 커리어우먼의 꿈을 이뤄가던 내가 떠올랐고, 구두를 버린다는 것은 나의 과거에서 점점 멀어져 다시는 그 시절로 돌아갈 수 없다는 의미 같았다. 또 다른 이유가 하나 있었는데, 버리기엔 신발이 너무 멀쩡했다는 것이다.

신발장에 계속 보관만 하다가 둘째 아이까지 임신하고 나서야 앞으로는 더욱 신을 일이 없다는 것을 인정했다. 굽 높은 구두를 신고 아이들과 외출한다는 것이 나 스스로도 엄두가 나지 않았고, 그 사이에 발 모양이 변한 건지 잠깐만 신어도 발이 너무 아팠기 때문이다. 예쁜 원피스를 입고, 작은 핸드백을 들고, 구두를 신고, 한 손엔 아이 손을 잡고 예쁘게 걸어가는 모습은 상상 속에서나 가능한 일이었다. 현실은 뛰는 아이를 빠른 속도로 달려가 잡아야 할 때도 있고, 번쩍 들어 안아줘야 할 때도 있으니 육아에 집중하던 나에게는 정말 불편하고, 어울리지 않는 신발이었다.

현실을 받아들이기까지 몇 년이나 걸렸지만, 결국 인정하고 하나씩 버리다 보니 발이 편한 기본 구두 하나만 남았다. 남긴 구두는 클래식한 디자인이라 모든 옷에 다 잘 어울리고, 무엇보다 굽이 약간 있는데도 아이를 안고 뛰어도 발이 아프지 않을 만큼 정말 편하다.

만약 내가 다시 회사원이 돼서 정장을 입어야 한다면, 그땐 새 출발하는 나를 응원하는 의미로 새 구두를 선물할 것이다. 예전처럼 굽이 높고, 보기에만 예쁜 구두가 아니라 굽이 낮아도 신었을 때 정말 편한 구두 말이다. 구두를 신고 또각또각 걷던 그 시절은 돌아올 수 없겠지만, 과거에 붙잡혀 발이 아픈 구두를 억지로 가지고 있기보다 새로운 미래를 새 마음으로 받아들일 것이다. 그렇게 마음먹고 나니 후회도 되지 않고, 나의 새 출발, 새 미래가 더 기대된다.

발이 아픈 신발을 비운 후 남아 있는 나의 사계절 신발 전부다.
이 신발들만으로도 어디든 갈 수 있을 것이라 믿는다.

새것의 기쁨은
다 쓴 것 후에 찾아온다

(#화장품) (#유해성분)

(#동물실험) (#조합)

화장품에 그렇게 관심이 많은 편은 아니지만, 한때는 화장품 사는 걸
로 스트레스를 풀었다. 친구를 만나면 함께 로드숍을 구경하다가 마
스크팩 하나, 립스틱 하나라도 사서 나오는 게 소소한 즐거움이었다.
심심할 때 뷰티 블로그를 구경하는 취미도 있었는데, 나는 무대 화장
이나 톡톡 튀는 화장보다는 주로 한 듯 안 한 듯한 데일리 메이크업을
좋아했다. 과하지 않으면서도 입는 옷과 분위기에 따라 화장만으로
조금씩 다른 분위기를 내는 게 멋있어 보였다.

데일리 메이크업이라고 해서 절대 쉽게 보면 안 된다. 아이라인 같

은 경우도 터치 한 번만으로도 쓱쓱 그리니까 쉬워 보이는데, 막상 따라 하려면 한 번에 그리기가 정말 쉽지 않다. 매번 덧칠하게 되고, 그러다 보면 내 의도와는 다르게 아이라인이 점점 두꺼워졌다. 그래서 또 내 눈 모양에 어울리는 메이크업 팁을 찾아보다가 결국 펜슬 스타일, 붓펜 스타일, 젤 아이라이너까지 여러 개 구매했다. 블로거는 화장품 때문에 화장을 잘한 게 아니라 기본적인 센스와 수많은 연습으로 화장 실력이 좋아진 건데, 나는 실력이 없으니 일단 화장품부터 구매했다. 기분에 따라 야금야금 사고 한두 번 사용해보고는 그대로 보관만 하던 화장품까지 더하면 의도치 않게 화장품의 수가 늘어나 있었다.

회사를 그만두고 화장할 일이 줄어들면서 자연스럽게 화장품에 대한 관심도 줄었다. 거기다 미니멀라이프를 시작하고부터는 가볍고 깔끔하게 정돈된 화장대를 가진 사람이 더 멋있어 보였다. 여러 화장품으로 자신을 꾸미는 것보다 자기 피부에 맞게 꼭 필요한 화장품만 가지고 있는 게 그만큼 본인에 대해 잘 알고, 관리하는 것임을 알기 때문이다. SNS에서 알게 된 한 미니멀리스트도 자신이 한 일 중에서 화장품을 줄인 게 가장 잘한 일이라고, 바르는 화장품의 개수가 적으니 오히려 피부가 좋아졌다는 후기를 전했다. 글을 읽고 나도 생각만 할 게 아니라 직접 줄여보고 싶었다.

화장품 미니멀을 시도하면서 알게 된 사실이지만 화장품은 개봉 후 되도록 6개월 안에 사용해야 한다는데, 그간 나는 한 번도 화장품의 유통기한이나 사용기한을 체크해본 적이 없었다. 화장품에도 유통기한과 사용기한이 있다는 것을 알게 되니 구입한 지 오래된 화장품은 버리기가 쉬웠다. 그러나 스킨, 크림 등 늘 사용하는 화장품은 차마 버릴 수가 없었고, 다른 물건들과 달리 중고로 팔거나 지인에게 주는 것도 쉽지 않았다. 최선은 내가 쓰는 것. 있는 화장품을 다 쓰기 전까지는 새 화장품을 구매하지 않겠다고 마음먹었다.

아이섀도나 블러셔 같은 색조화장품은 유통기한도 지났고, 자주 쓰지도 않아 거의 다 버렸고 스킨, 에센스, 로션, 크림 같은 기초화장품은 여러 개 남았다. 있는 것을 다 쓰기 위해 스킨을 다 쓰면 에센스로 대체해서 썼고, 아이크림은 눈에만 바른다는 생각을 넘어 건조한 부위에도 발랐다. 순서를 지켜야 한다든지, 몇 가지는 꼭 발라야 한다는 강박 없이 없으면 없는 대로 조금 바르기도 했다. 그렇게 다 쓰고 스킨, 에센스, 아이크림, 썬크림, 팩트, 립스틱 하나씩만 남은 지금의 화장대가 되기까지 오랜 시간이 걸렸지만 그 과정에서 화장품에 대한 생각이 많이 바뀌었다.

예전에는 브랜드를 많이 따지고, 뷰티 블로거나 유행하는 제품을 따라 샀다면, 지금은 유해성분 여부, 동물실험 여부, 플라스틱용기인지 유리용기인지 등을 먼저 체크한다. 그 전에는 아이크림은 꼭 눈에만 발라야 하고, 스킨과 에센스는 전혀 다른 화장품이라고 생각했는데, 제형의 차이일 뿐 성분은 다 비슷했다. 그러니 각종 단계를 꼼꼼하게 챙겨 바르지 않더라도, 가지고 있는 것들만 잘 조합해서 발라도 피부에 충분하다는 것을 깨달았다.

화장품을 잔뜩 사놓고 다 사용하지도 못하던 예전보다, 최소한으로 화장품을 바르는 지금이 훨씬 만족스럽다. 특히 화장품 한 통을 끝까지 다 쓰고 새로운 화장품을 개봉할 때의 기쁨은 과거에는 한 번도 경험해보지 못한 것인데, 이 느낌이 정말 좋다.

하나씩만 남은 지금의 화장대가 좋다.

좋아하는 마음까지
비우는 건 아니다

서점을 지나가면 습관처럼 들른다. SNS를 하다 끌렸던 제목의 책을 발견하면 언제 읽을지 몰라도 일단 구매부터 했다. 나는 주로 문학서적보다는 비문학서적을 좋아하고, 그중에서도 읽고 바로 생활에 적용할 수 있는 실용서를 좋아하는데, 그런 책들은 제목만으로도 동기부여가 돼서 책장에 있는 모습만 봐도 마음이 든든했다. 그러다 보니 책을 읽는 속도보다 사는 속도가 더 빨랐고, 집에 책이 점점 늘어났다.

어느 날 책장에 꽂힌 책을 살펴보는데, 책 제목만 봐도 벌써 읽은 것마냥 뿌듯한 마음이 드는 한편, '이 책도 읽고, 저 책도 읽어야 하는

데, 언제 다 읽지?'라는 마음의 부담도 동시에 들었다. 읽은 책 몇 권은 중고판매로 비워내긴 했지만, 그 양이 많지 않으니 비워도 크게 티나지 않았다. 게다가 중고판매를 하며 다시 또 책을 사오니 변함이 없거나 오히려 책이 늘어났다.

그때 마침 곤도 마리에의 《설레지 않으면 버려라》라는 책을 읽게되었고, 속는 셈 치고 저자가 시키는 대로 따라해보았다. 비움의 기준은 책 제목에 있듯이 '설레는가, 설레지 않는가'였다. 먼저 책장에 있는 책을 전부 꺼내 하나하나 직접 만져보았다. 책 내부는 펼쳐보지 않았고, 책 제목과 만졌을 때의 느낌만으로 비울 책을 골라냈다. 다행히 책만큼은 곤도 마리에가 제시한 방법이 나와 맞아서 꽤 많은 책을 비울 수 있었다. 한때는 많은 도움이 되었으나 지금은 나의 관심사에서 멀어진 책은 전혀 설레지 않았고, 내가 직접 보고 고른 게 아니라 선물 받은 책, 두껍고 제목부터 어려운 느낌이 드는 책들도 모두 설레지 않아 비웠다. 계속 보관한들 다른 책들에 밀려 몇 년이 지나도 읽을 것 같지 않았다.

한 차례 책을 비운 후부터는 책 보관에 대한 나만의 방법이 생겼다. 나는 세 가지 기준으로 책장에 책을 꽂아두는데, 첫 번째 칸에는 두 번 이상 읽은 책(평생 소장하고 싶은 책), 두 번째 칸에는 한 번 읽었는데 또 읽어보고 싶은 책(나중에 다시 읽어본 후 소장 여부 결정), 세 번째 칸에는 아직 읽지 않은 책을 꽂아두었다. 책을 구매하면 먼저 세 번째 칸에 꽂아둔다. 책을 읽은 후 한 번 더 읽어보고 싶은 생각이 들면 두 번째 칸으로 옮기고, 그렇지 않으면 바로 중고서점에 판매한다. 남긴 책도 가끔 들여다보며 관심사가 바뀌어 더는 읽고 싶은 생각이 들지 않으면, 그때그때 중고서점에 판매한다. 이렇게 책을 구분하니 내가 소장하고 싶은 책과 아직 읽지 않은 책들이 구분되어, 무엇을 비우고 무엇을 남길지 판단하기 더 쉬워졌다.

내가 책을 비웠다고 해서 책에 대한 관심이나 문화생활이 줄었다고 생각하지는 않는다. 물건을 비우면 그것을 좋아하는 마음까지도 비운다고 오해해서 잘 비우지 못하는 사람들이 있는데, 전혀 아니다. 오히려 물건을 비움으로써 내가 좋아하는 것이 무엇인지 더 잘 알게 되고, 남기기로 한 물건은 그만큼 더 가치 있게 느껴진다. 나는 여전히 서점에 가는 것을 좋아하고, 읽고 싶은 책은 종종 구매도 한다. 책을 무작정 사고 아무 기준 없이 보관할 때보다, 오히려 설레는지 아닌지를 기준으로 소장할 책과 비울 책을 구분하면서 내가 정말 책을 좋아한다는 것을 알게 되었다. 그리고 내가 남긴 책들을 보며 어떤 종류의 책을 좋아하고, 현재 나의 관심사는 무엇인지 등 나에 대해서도 더 잘 알게 되었다.

책
비우는 법

상태가 좋은 책은 중고서점을 통해 재판매할 수 있다. 대표적으로 YES24(www.yes24.com)와 알라딘(www.aladin.co.kr) 중고서점이 있다. 앱을 통해 매입 여부를 미리 확인할 수 있으며, 책 상태에 따라 최상급/상급/중급으로 매입 가격이 결정된다. 중고책 판매는 오프라인 매장으로 직접 가져가서 판매하는 방법과 택배를 이용해 온라인으로 판매하는 방법이 있다. 책 상태는 좋으나 여러 가지 이유로 매입 불가 판정을 받은 책은 지역 도서관에 전화로 문의한 후 기증하거나 헌책 매입 시스템을 이용하는 방법이 있다.

매입이 불가능한 책 : 2cm 이상 찢어짐, 5쪽 이상 낙서 있음, 심한 오염 및 낙서 있음, 물에 젖은 흔적 있음, 낙장 등의 제본 불량, 분책된 경우, 이미 보유 재고량이 많은 경우

작지만 반복하는 행동의 비밀

#필기구 #방치

#다짐

집에 쓸 만한 펜이 많은데도 문구점에 가면 '이 색상은 없는데?' '이건 굵기가 좀 다른데?' '필기감이 좋네?' 하며 또 샀다. 매일 필기를 하는 학생도 아니고, 잠깐 가계부를 쓰거나 메모할 때만 사용하니 한 번 사면 몇 년씩 쓰는데도 문구 코너에 가면 습관처럼 하나씩 집어 들었다. 아기자기한 문구류는 구경만 해도 기분이 좋고, 가격도 저렴하기 때문에 하나씩 사도 부담스럽지 않았다. 지금까지 나는 필기구에 욕심이 없는 사람이라고 생각했는데, 이 글을 쓰면서 되돌아보니 욕심이 있었음을 인정하게 된다. 있는데도 또 사고, 필요 없는데도 사고 싶으

면 그게 욕심이니까.

실제로 내 책상에는 원래 갖고 있던 펜, 새로 산 펜, 기념품으로 받은 펜들로 넘쳐났다. 책상 정리를 하며 일단 고장난 펜, 잉크가 굳어서 더는 나오지 않는 펜을 전부 골라냈다. 고장난 펜은 골라낼 때 아무 생각이 들지 않았는데, 잉크가 굳은 펜은 속상함 반, 죄책감 반인 마음이었다. 분명 이렇게 잉크가 굳을 정도로 쓰지도 않고 모셔만 두려고 산 게 아니었는데 말이다. 기념품으로 받은 펜들도 전부 골라냈다. 대부분 행사나 업체 이름이 크게 적혀 있고, 나눠주기 위한 용도로 제작한 거라 필기감이 그리 좋은 편은 아니었다. 그 외 나머지 펜들은 일단 남겨두었다.

아직도 가끔 서점에 들르면 문구류 코너에 눈길이 간다. 그때마다 이 사진을 보며 슬며시 눈길을 돌린다.

미니멀라이프를 하며 물건을 비우다 보면 내 자신에 대해 알게 되는데, 펜 하나를 비울 때도 마찬가지였다. 내가 얼마나 작은 것까지도 정리를 못하는 사람이었는지, 값이 저렴하다고 얼마나 물건을 쉽게 사고, 쓰지도 않고 방치해두는 사람이었는지 생각해보게 되었다. 물건 정리를 할수록 자꾸 나의 안 좋은 모습들만 마주하는 것 같지만, 이제라도 알았으니 다시는 같은 행동을 반복하지 않으면 되는 거다. 한 차례 정리를 마치고도 잔뜩 남은 펜들을 보며, 지금 있는 것들을 다 쓰기 전까지는 새로운 펜을 사지 않겠다고 다짐한다.

일희일비하지 않는
마음

#서비스물품   #라이프스타일

#필요의문제

사용 중인 건조기에 문제가 생겨 무상수리를 받았다. 그러면서 서비스로 환기용 도어클립을 받았다. 세탁기와 마찬가지로 건조기도 사용 후에는 환기를 위해 문을 열어두는 것이 좋다고 한다. 도어클립은 건조기 내부의 공기 순환을 위해 문이 완전히 닫히지 않도록 도와주는 물건이다. 그냥 건조기 입구를 열어두어도 되지만 닫히지 않도록 활짝 열어둔 사이에 반려동물이나 아이들이 내부에 들어갈 우려가 있다는 설명과 함께 서비스물품을 받았다. 공짜라는 말에 즐거움 조금, 낯선 물건에 대한 얼떨떨한 마음 반으로 받긴 했지만 우리 집은 건조기를 세탁실에 두고 사용하고, 반려동물도 키우지 않아 건조기에 반려동물이 들어갈 염려가 없다. 또한 건조기 사용 후엔 늘 문을 열어두는 게 습관이 되어 굳이 도어클립이 필요 없는 환경이다.

남편에게 이 도어클립을 비우고 싶다고 이야기하니 자리도 차지하지 않는데 굳이 왜 버리냐며, 나중에 쓸 일이 생길 수도 있으니 갖고 있자고 했다. 사실 95%의 비우고 싶다는 마음과 5% 정도의 '버릴까, 말까, 버렸다가 후회할까?' 하는 마음으로 물어본 건데, 남편이 고민도 하지 않고 바로 대답하는 모습에 순간 흔들렸다. 하지만 조금 더 생각해보니 이건 크기나 보관의 문제가 아니라 필요성의 문제였다. 분명 앞으로도 쓸 일이 없는데 갖고 있어야 할까?

결국 물건이라는 게 내 상황에 맞아야 유용한 거고, 상황은 사람마다 다르기 마련인데, 우리는 각자 라이프스타일이 다양하다는 것을 종종 잊곤 한다. 사람이 각기 다른 모습으로 살아가듯 갖고 있는 물건도 다를 수밖에 없고, 집안일 또한 결국 사람의 일이기에 그 사람을 고려해야 한다. 서비스물품이라고 해서 당연하게 받아들일 필요는 없다. 도어클립이 건조기뿐 아니라 아이와 반려동물을 위하는 좋은 취지가 있더라도 나에게, 우리 집에서 그 의미가 퇴색된다면 그것도 안타까운 일이다.

더 나아가 이전에 내가 친구들에게 추천한 물건들이 친구들에겐 유용한 물건이 아니었을 수도 있다는 생각도 든다. 물건 그 자체보다 그 사람과 살림, 라이프스타일을 더 고려해야 하지 않았나 하는 마음 말이다. 얼마 전에도 친구가 물건을 추천해달라고 했는데, 친구의 습관이나 라이프스타일은 전혀 고려하지 않고 너무 내 기준에 유용했던 물건을 추천했다는 생각이 든다. 이 기회에 친구나 주변 사람의 습관과 생활방식에 대해서도 더 알아가야겠다. 물건을 추천받은 사람의 가치와 그 물건의 의미가 모두 퇴색되지 않도록 말이다.

도어클립을 비운 후 지금까지 한 번도 버린 것을 아쉬워하거나 후

보관의 문제인지 필요의 문제인지 생각해보면 비움이 달라진다.

회한 적 없다. 왜 버리냐고 하던 남편도 도어클립이 없어서 불편하다는 말을 한 적이 없다. 이 글을 쓰면서 남편에게 생각나냐고 묻자 오히려 그런 게 집에 있었냐는 듯 되물어서 나도 놀랐다.

미니멀라이프가 어느 정도 익숙해지니 좋은 점 중 하나는, 누군가 물건을 준다고 해서 무조건 받는 게 아니라, 내가 주도권을 가지고 물건의 필요 여부를 한 번 더 판단하게 되었다는 것이다. 이런 경험이 쌓이니 이제는 물건뿐 아니라 누군가가 나에게 하는 말, 행동 등에 대해서도 수동적으로 받아들이며 일희일비하지 않고, 내가 적극적으로 말과 행동을 구분하고 받아들이는 힘이 생겼다.

CHAPTER 7

내 습관은
언제, 어떻게
생긴 걸까?

#습관

내 삶이 정말 내 것일까. 결혼 전까지 라면만 끓여본 내가 결혼했다고 하루 아침에 살림9단이 될 수는 없었다. 말이 내 집이고 내 살림이지, 모든 게 엄마 것이었다. 신혼 가구와 가전을 함께 고르면서 스텐이나 하얀색처럼 무난한 색으로 사야 질리지 않고 오래 쓴다는 등 새로이 배운 것들이 많았다. 설거지할 때 싱크볼 안에 작은 통을 하나 더 놔두면 설거지하기 더 편하다든가, 애벌 세탁을 할 때 얼룩제거제를 사용하면 손쉽게 오염을 제거할 수 있다는 등의 집안일 팁들도 내게는 큰 도움이 되었다. 엄마가 만들어주신 반찬, 어깨 너머로 배운 것까지 따지면 겉모습뿐 아니라 속까지 엄마의 흔적이 우리 집 곳곳에 가득했다.

엄마가 결혼하실 무렵에는 집안일을 배울 곳이 할머니나 주변 사람들밖에 없었겠지만, 요즘은 워낙 정보가 많다 보니 배울 수 있는 경로가 다양하다. 요리하다가도 잘 모르겠으면 인터넷 검색 한 번으로 내가 원하는 정보를 찾을 수 있기 때문에 나도 인터넷으로 집 안일을 배우는 게 더 익숙하다. 어떻게 보면 엄마 때보다는 집안일 하기가 더 쉬운 환경이다.

그렇다고 해서 지금의 환경이 완전히 좋기만 한 것은 아니다. 트렌드가 워낙 빨리 바뀌다 보니 그것을 못 따라가면 나만 뒤쳐진 느낌이 들 때도 있다. 언젠가부터 건조기가 신혼 필수 가전이 되었는데, 내 지인은 본인만 건조기가 없다는 생각에 빨래를 할 때마다 자꾸만 불평한다고 했다. 그렇게 생각하지 않으려고 해도 인터넷을 하다 보면 자꾸만 건조기가 보이니까 더 비교가 되고, 자신의 현재 모습이 불만족스러운 것이다.

이런 우리를 보고 엄마 세대의 어른들은 혀를 끌끌 찰 것이다. 건조기 없이도 생활할 수 있고, 건조기가 있으면 건조기 그 자체도 관리 대상이고, 건조기를 사용함으로써 옷이 줄어든다든가 망가진다든가 신경 써야 할 것이 한두 가지가 아닌데, 욕심부리니 말이다. 이런 생각을 하면 요즘은 너무 풍요롭다는 어른들의 말이 이해가 되기도 한다.

그렇다고 해서 예전으로 돌아갈 수는 없다. 우리는 옛날에 사는 게 아니라 지금을 사니까. 지켜야 할 것이 있다면 지키고, 바꿔야 할 것이 있다면 바꾸고, 좀 더 편하고 나와 세상에 해를 끼치지 않는 방향의 라이프스타일을 찾아야 한다. 옛날에 우리보다 좋지 않은 환경을 감내했던 어른들이 있었기에 지금 우리가 좀 더 편안히 집안일 할 방법을 찾을 수 있고, 우리가 시행착오를 거쳐야 다음 세대에 지금보다 더 나은 라이프스타일이 탄생할 것이기 때문이다.

그 시작은 엄마로부터 은연중에 물려받은 습관을 인지하고 이해하는 것이다. 그런 다음 각자 라이프스타일에 맞는 자신의 방법과 습관을 찾아가는 게 중요하다. 미래에는 어떤 방법이, 기술이, 라이프스타일이 나올지 함부로 예측할 수 없으니, 무언가를 가르치는 건 큰 의미가 없는 것 같다. 엄마 세대가 그 자리에서 최선의 방법을 보여줬던 것처럼 우리도 자신의 자리에서 최선으로 사는 게 좋지 않을까. 최선을 다해 자신답게 말이다.

내가 미니멀라이프를 시작하고, 집에 있는 물건들을 모두 꺼내 하나하나 만져 보며 '우리 집에 정말 필요한가, 사용 횟수는 많은가, 유용한가' 등을 고민하며 정리했을 때 비로소 내 라이프스타일을 제대로 돌아볼 수 있었다. 내 라이프스타일을 제대로 돌아본다는 것은 결국 나에 대해 정확하게 아는 것이다. 정확하게 알아야 광고 등에 휩쓸리지 않고, 남들도 다 갖고 있다는 이유만으로 마구 사들이지 않을 수 있다. 또한 내 몸에 밴 습관을 깨는 것이기도 한데, 보고 자라며 자연스럽게 밴 엄마의 습관, 이전 세대의 습관을 업데이트하는 것도 포함한다. 찾아야 할 나 자신과 습관이 여전히 많겠지만 진짜 내 라이프스타일을 찾는 이 과정이 재밌다. 여전히 진행 중이지만 벌써 어디를 둘러보아도 내 손길이 깃든 우리 집이 좋다.

모아야 하는 것과
버리는 것을 구별하자

#비닐봉지　#고정관념

#최소한

살림을 처음 시작했을 당시 나는 비닐봉지는 버리는 게 아니라 모으는 거라고 생각했다. 지금까지 내가 봐온 살림은 엄마의 모습이 전부인데, 엄마는 강아지를 산책시킬 때 배변 봉투로 쓰신다며 비닐봉지를 버리지 않고 늘 다용도실 한편에 가득 모아두셨다. 그 모습을 봐와서 그런지 자연스럽게 엄마를 따라 비닐봉지를 하나씩 모았다. 깨끗한 봉지들을 그냥 버리기엔 아까워서 모았더니 어느 순간 감당하지 못할 만큼 양이 늘어났다. 감당하지 못할 만큼의 양이 되었으면 좀 비우면 되는데, 나는 비운다는 생각은 전혀 하지 못하고 '어떻게 정리할까'만 생각했다. 인터넷에서 본 고수들을 따라 비닐봉지를 한 장씩 접어 바구니에 넣었다. 정리된 바구니를 보니 뿌듯했다.

그러던 어느 날 내가 열심히 정리해둔 바구니 위에 남편이 비닐봉지를 구겨서 던지는 걸 봤다. 내가 열심히 접은 게 안 보이냐며 당신도 반듯하게 접어서 넣어달라고 말했는데, 남편이 고작 비닐봉지인데 뭘 그렇게까지 하냐며 본인은 못하겠다는 거다. 그땐 열심히 해보려는 나에게 찬물을 끼얹는 것만 같아서 섭섭했고, 정리된 모습이 깔끔하다는 걸 알기 때문에 됐다고 내가 정리하면 된다고 큰소리쳤다.

돌아서서 생각해보니 '이게 뭐가 중요하다고 이거 때문에 남편이랑 싸웠지? 왜 나는 비닐봉지를 접는 일에 열심인 거지?'라는 생각이 들었다. 나도 사실은 비닐봉지를 정리하는 데 시간과 에너지를 들이고 싶지 않다는 것을 깨달았다. 고작 비닐봉지 때문에 남편에게 섭섭한 마음이 드는 것도 싫었고, 남편이 계속해서 대충 던져두는 모습을 보며 스트레스를 받고 싶지도 않았다. 그제야 사용하지도 않으면서 모아두었던 비닐봉지들이 쓰레기로 보이기 시작했고, 이 비닐봉지들부터 비워야겠다고 생각했다. 비닐봉지는 버리는 게 아니라 모으는 거라고 생각했던 나의 고정관념이 깨진 순간이다. 그 전에도 많은 물건을 반복해서 버리고 구매하며 살아왔지만, 이날은 내가 정식으로 미니멀라이프라는 이름으로 물건을 버린 첫날이었다.

요즘은 아예 처음부터 비닐봉지를 받지 않으려고 노력한다. 장 볼 때 장바구니와 면주머니를 챙겨 다니고, 만약 받게 되더라도 쓰레기를 비울 때 좀 더 편하도록 쓰레기통에 씌워둘 용도로 최소한만 보관한다. 이마저도 바구니 대신 깊이가 있는 파일 박스를 준비해 거기에 들어가는 양만큼만 보관한다. 절대 예전처럼 깔끔하게 접기 위해 애쓰지 않는다. 바구니 대신 마구 구겨서 넣어도 파일 박스가 가려주니 깔끔해보인다. 공간에 제한을 두니 내가 감당할 수 있는 이상으로 늘지도 않는다. 비닐봉지를 접고 정리할 때는 스트레스라고 생각지도 않았는데, 더 편하고 합리적인 방법을 찾으니 그것만큼 스트레스 받는 일도 없었던 것 같다.

반듯하게 접어 잘 보이는 바구니에 정리했던 비닐봉지를 파일 박스 안에 숨겨 놓았다. 눈에 잘 보여야 잘 사용한다는 핑계로 어질러놓고 있진 않은지, 평소의 고정관념에서 벗어나야 한다.

멀쩡하다고 해서
꼭 필요한 것은 아니다

(#쇼핑백)　(#정리된공간)

엄마의 다용도실에 비닐봉지와 함께 양대 산맥을 이루던 그것, 바로 쇼핑백이다. 나 또한 비닐봉지와 같이 자연스럽게 쇼핑백을 모았다. 비닐봉지보다 튼튼해서 물건 담을 때 좋다며 크기별, 재질별, 브랜드별로 재사용할 수 있는 쇼핑백은 전부 모았다. 그중에서도 크라프트지로 만든 것, 좋아하는 브랜드의 쇼핑백은 아껴가며 명품백마냥 사용했다. 종종 지인들에게 선물을 하거나 이것저것 챙겨줄 때가 있는데, 비닐봉지에 주는 것보다는 쇼핑백에 주는 게 좀 더 신경 쓴 느낌이 들어 좋았다.

그렇게 물건 담는 봉투에 신경을 쓰면서 모순적이게도 나는 늘 디자인이 맘에 들지 않아 버리고 싶은 쇼핑백을 먼저 사용했다. 맘에 드는 쇼핑백을 사용하는 순간에는 아깝다고 생각했다. 그저 물건 사면서 받은 종이 가방일 뿐인데, 왜 아깝다고 생각했을까. 가끔 쇼핑백을 접어 수납상자로 활용하긴 했다. 재질이 두꺼운 쇼핑백으로 수납상자를 만들면 튼튼했다. 이게 전부다. 언제 쓸지 모르는 그때를 위해 버리는 것도, 사용하는 것도, 다른 사람에게 주는 것도 아깝다고 생각했다. 모든 건 그 '아깝다'는 마음에서 시작됐다.

비닐봉지와 쇼핑백을 한 세트로 여기고 있었는지, 비닐봉지에 대한 고정관념이 깨지자 쇼핑백에 대한 미련도 사라졌다. 크기, 재질을 고려해 상태가 좋은 쇼핑백 5개만 남기고 전부 비웠다. 이 5개도 얼마나 자주 쓸까 싶었다. 그 전에는 아무 생각없이 생기는 대로 모았는데 5개로 추려내며 내가 쇼핑백을 사용하는 빈도를 처음으로 고민해봤다. 이런 걸로 고민하는 내 모습이 조금 낯설었지만, 비워지고 정리된 공간을 보니 생각보다 기분이 좋았다. 비록 나만 아는 사실일지라도 마음에 드는 물건으로만 채워진 공간이 있다는 게 뿌듯해서 자꾸만 서랍장을 열어보게 된다.

자주 사용하진 않지만 한 번씩 필요한 잡동사니는 어떻게 정리하나요? 서랍장 정리가 안 돼요.

자주 여는 서랍장엔 자주 사용하는 물건만 보관하시고, 자주 사용하지 않는 잡동사니들은 그런 물건들끼리 모아서 따로 보관해주세요. 그게 평소 사용하기에도 편하고, 정리하는 데도 도움이 될 거예요.

최선을 다해 썼다면
그 마음 변해도 괜찮다

#캐리어   #타이밍

#쓸모

요즘 나오는 여행용 캐리어는 대부분 바퀴가 네 개지만, 예전에는 바퀴가 두 개인 캐리어를 많이 사용했다. 우리 집에도 결혼하며 남편과 내가 각각 가져온 두 종류의 캐리어가 있었는데, 어느 날 보니 바퀴가 두 개인 캐리어가 고장났다. 끌기 불편해서 자주 사용하지도 않았는데, 오래돼서 한쪽 바퀴가 녹이 슨 건지, 아니면 이사하다가 고장난 건지 더는 굴러가지 않아 끌고 다닐 수 없었다.

이사할 때 남편이 버리자고 했지만 나는 계절 옷을 담아놓는 수납 가방으로 쓰면 된다며 버리지 못하게 했다. 옷걸이에 걸어두면 자리를 많이 차지하는 패딩 점퍼를 접어 캐리어에 넣고, 방 한쪽 구석에 세워두면서 "맞지? 이렇게 보관하니까 딱 좋지?"라고 물으며 내 선택을 인정받으려고 했다. 고장나기 전에도 불편하다며 사용하지 않았고, 이미 망가졌는데도 미련을 버리지 못했다. 지금 생각하면 이해가 되지 않지만, 그땐 분명 진심이었고 최선이었다.

미니멀라이프를 시작하고 버려도 아깝지 않은 쓰레기에 이어 고장 난 물건을 하나씩 비우기 시작하자 여행용 캐리어도 눈에 들어왔다. 캐리어 안에 패딩 점퍼가 들어 있을 때는 그래도 수납 기능을 하고 있으니 쓸모가 있다고 생각했는데, 계절이 바뀌어 패딩 점퍼를 꺼내자 그저 불편하고 쓸모없는 물건으로 보였다. 더는 캐리어를 보아도 패딩 점퍼를 수납해야겠다는 마음이 들지 않았다.

'아, 지금이 비울 타이밍이구나!' 몇 번의 경험으로 비움 타이밍을 알고 있던 나는 다음 날 바로 폐기물 스티커를 사와서 여행용 캐리어를 버렸다. 이제 우리 집엔 언제든 사용할 수 있는, 제대로 기능하는 여행용 캐리어 하나만 있다. 캐리어를 비운 후 옷도 많이 비웠더니, 지금은 옷장에 패딩 점퍼까지 함께 걸어도 공간이 충분하다.

정리정돈이 잘 되지 않아서 고민이에요.
수납공간의 문제일까요?

정리의 시작은 일단 모든 물건을 꺼내고, 그 후에 남길 물건과 비울 물건을 골라내는 거예요. 그렇게 해서 수납공간에 맞게 짐을 줄이면 제일 좋고요. 정말 최소한으로 줄였는데도 수납공간이 부족하면, 그때 남은 물건의 양에 맞춰 수납가구를 추가로 사면 돼요. 진짜로 수납 공간이 부족한 경우도 있거든요. 물건을 비우는 게 가장 좋지만, 그게 무조건 답이라고 생각하며 스트레스 받지 않았으면 좋겠어요.

관리할 수 있을 만큼만
내 것이다

미니멀라이프를 하며 우리 집에 물건이 정말 많이 있다는 걸 깨달았지만, 그중에서도 비누, 치약 같은 욕실용품이 이렇게까지 많을 거라고는 생각도 못했다. 선물 받은 것, 사은품으로 받은 것, 친정에서 가져온 것 등 베란다와 욕실에 흩어져 있는 욕실용품을 모두 한자리에 모았더니 몇 년은 쓸 수 있을 만큼 나왔다. 어차피 생필품은 놔두면 다 쓰게 된다는 생각에 누가 주면 주는 대로 이곳저곳에서 다 받아왔는데, 아무데나 놔두니 있는 줄도 모르고 비누랑 치약이 부족하다고 여기고 사고 또 샀던 것이다.

나와 함께 미니멀라이프를 실천하는 사람들도 비슷하다. 나처럼 이곳저곳에서 받아오다 보니 많아진 경우도 있지만 더 나아간 경우도 있다. 치약을 하나만 쓰는 게 아니라 여러 개를 두고 번갈아 쓴다거나, 헤어용품도 기능별로 놔두다 보니 가짓수가 점점 늘어났다. 게다가 무료배송 금액에 맞춘다고 여러 개를 사다 보면 어느 순간 집이 작은 마트가 되는 건 순식간이다.

나도 워낙 많이 쟁여두다 보니 욕실에 수납공간이 충분하지 않아 몇 개는 욕실에 두고 몇 개는 베란다에 놔둔 참이어서 재고 파악도 제대로 되지 않았다. 비우려고 마음은 먹었는데 다 써서 비울 생각을 하니 몇 년은 걸릴 것 같았고, 나에게 맞지 않는 향이나 성분의 제품도 있어서 전부 직접 쓰긴 어려울 것 같았다. '이럴 거면 왜 욕심 내서 받아왔던 걸까?' 친정 엄마는 아까우니 청소용으로 쓰라고 했지만, 그것도 한두 개지 다 사용하기엔 한계가 있었다. 결국 중고판매로 비웠다.

나의 욕심과 재고 관리의 미흡함으로 늘어난 욕실용품들을 비우며, 같은 종류의 물건은 한곳에 모아두어야 한다는 것을 깨달았다. 특히 생필품은 한곳에 있어야 재고 파악도 잘 되고, 그만큼 돈도 낭비하지 않는다. 지금은 비누나 치약, 휴지, 세제 등은 구입한 것을 다 써야 새로 구입하며, 모아두는 자리를 정해 재고가 있는 줄도 모르고 또 구매했던 과거를 반복하지 않기 위해 노력하고 있다. 이렇게 한자리에 모아두니 다른 가족들도 어디에 뭐가 있는지 쉽게 찾을 수 있어 나의 편함 지수가 배가되었다.

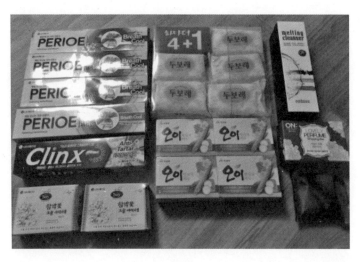

결국 놔두면 쓰겠지만, 내가 관리할 수 있는 범위를 넘어서면 그마저도 힘들 수 있다. 나의 능력을 아는 것도 미니멀라이프다.

장비발보다는
습관발이다

(#청소용품) (#생활습관)

(#청소루틴) (#세트루틴)

무슨 일을 시작하기 전 필요 이상으로 장비를 구매하려는 심리를 '장비병'이라고 한다는데, 내가 그랬다. 걸레 하나만 있으면 할 수 있는 청소를 '난 저 청소기가 없어서 청소를 못해. 저 세제가 없어서 깨끗하게 못하는 거야'라고 핑계를 대며, 각종 청소 아이템을 종류별로 샀다. SNS를 하다가 광고에 혹해서 구입한 제품만 해도 여러 개였다. 찌든때, 물때, 곰팡이 제거에 좋다는 제품은 종류별로 있었고, 탈취, 살균 스프레이도 브랜드별로 여러 개 있었다. 그것만 사면 나도 청소를 더 쉽게 할 수 있을 것 같았고, 우리 집이 더 반짝반짝해질 거라고 생각했다. 예상과는 달리 그렇게 좋다는 청소용품을 사더라도, 샀을 때만 반짝 열정적으로 사용할 뿐 우리 집은 금세 다시 지저분해졌다.

살림 연차가 늘어나며 깨달은 사실 중 하나는 내가 얼마나 자주 청소하고 관리하느냐가 제일 중요하다는 사실이다. 아무리 유명하고 좋다는 청소용품이 있어도 내가 직접 몸을 움직여 청소하지 않으면 소용없다. 하물며 알아서 돌아다니며 집을 청소해준다는 로봇청소기가 있어도 거기에 딸린 먼지통을 갈아주고, 물걸레를 세척해서 새로 교체하는 건 로봇이 할 수 없다. 그걸 가지고 있는 주인이 해야 할 몫이다.

나도 원래부터 청소를 좋아하지 않는 사람이라 아이템 효과가 오래가지 못했다. 청소용품에 의존하는 것보다 나의 생활습관을 개선하는 게 급선무였다. 이 사실을 깨달은 후부턴 양치하면서 세면대 주변을 청소했고, 설거지 마지막에는 배수구멍과 싱크볼도 큰 그릇이라 생각하고 함께 씻었다. 내가 하는 행동을 세트로 묶어 귀찮은 청소를 루틴으로 만들기 시작하니 청소에 드는 에너지가 줄어들었고, 묵은때를 벗기기 위한 독한 세제도 자연스럽게 필요 없어졌다.

남편은 저녁마다 샤워하면서 간단히 욕조 청소를 마치고 나왔는데, 물어보니 나처럼 세제에 연연하지 않고 욕실에 늘 있는 치약과 샴푸로 청소하고 나온다고 했다. 생각해보니 청소세제나 욕실용품이나 때를 벗기고 깨끗하게 하는 기능은 동일하기 때문에 같이 사용해도 별 차이가 없을 거란 생각이 들었다. 인터넷을 찾아보니 치약으로 수전을 청소하고, 린스로 거울을 닦고, 샴푸로는 욕실 바닥과 세면대를 청소하는 사람들이 이미 많았다. 그때부터 나도 욕실은 치약, 샴푸로 청소하고, 싱크대는 주방 비누로 청소하는 등 이미 있는 세제와 도구를 이용해 청소하기 시작했다.

하나의 물건을 다용도로 사용하니 '이번엔 어떤 세제를 살까?' '여기엔 어떤 세제를 쓰지?' 고민하는 과정이 줄었다. 욕실에 여러 용품을 두지 않아도 되니 시각적으로도 깔끔하다. 이제는 SNS 광고에도 쉽게 넘어가지 않는다.

한 번의 비움 후 미니멀라이프를 유지하는 관건은 습관이다. 물건이 비워진 자리를 좋은 습관으로 채워주자.

언제부터
팬트리가 있었지?

언젠가부터 새 아파트에는 팬트리가 필수, SNS에도 팬트리를 멋지게 꾸며놓은 집이 보이기 시작했다. 처음에는 '와, 나에게도 저런 공간이 있었으면! 부럽다!' 했지만, 한편으로는 '언제부터 우리나라에 팬트리라는 게 있었지? 저런 건 미국처럼 땅이 넓어서 장보러 가기 힘든 곳에나 필요한 게 아닌가?' 하는 생각도 들었다. 단순히 양파나 감자 같은 상온 식재료를 보관하고, 라면이나 간식을 조금 쟁여두는 정도가 아니라, 마트 하나를 통째로 집에 가져다 둔 것처럼 꾸며놓은 팬트리를 보고 있자면 전쟁이 나도 몇 달은 버틸 수 있을 것처럼 보였다.

불행인지, 다행인지 우리 집엔 그런 공간이 없다. 대신 요즘 팬트리처럼 베란다에 수납선반이 있었다. '쟁여놓는다'는 점에서 팬트리의 역할을 했지만, 식료품 대신 다른 것들을 쟁여뒀다. 바로 주방용품. 크게는 냄비, 그릇, 컵 세트부터 작게는 고무장갑, 행주, 집게 같은 자잘한 물건들까지 쌓여 있었다. 박스 하나에 모아뒀는데, 보이지 않으니 잘 사용하지 않게 되고, 꺼내려면 번거로우니 또 사용하지 않게 되고, 결국 사용도 안 하면서 자리만 차지했다.

미니멀라이프를 시작하기 전 사은품으로 받은 것들, 인터넷을 하며 '이게 좋다' '저게 좋다'는 말을 들으며 광고에 혹해 주문한 것이었다. 야채탈수기나 기름방지망 같은 주방용품을 꼭 필요해서라기보다는 갖고 싶은 마음에 일단 주문부터 해놓고, 몇 번 쓰다가 베란다에 그대로 방치했다. 광고에서는 사용법이 굉장히 쉬워 보였는데 막상 사용하려니 어려운 것도 있었고, 화면으로 볼 때는 튼튼해 보였는데 너무 약한 물건도 있었다. 분명 유용할 거라는 생각에 구매했고, 실제로 잘 사용하는 사람들도 많은데, 나는 그 물건을 쓰는 습관이 잡혀 있지 않아서 그런지 불편했다. 그리고 굳이 그 물건을 쓰는 습관을 들여야 할 만큼 효용성도 느끼지 못했다.

그런 물건들이 쌓여 베란다 수납선반에 가득했다. 미니멀라이프를 시작하기 전에도 가장 정리하고 싶었던 곳이 이 선반이었는데, 미니멀라이프에 익숙해진 후에도 이곳을 정리하기까지는 꽤 오랜 시간이 걸렸다. 단순히 물건을 비우는 것이 아니라 나의 잘못된 소비를 인정하고 비워야 하는 과정이었기 때문이다. 나의 잘못을 인정한다는 건 어려웠다. 중고로 판매하든, 그냥 버리든, 베란다 선반의 물건을 비우는 것은 물건을 살 때에 비하면 몇 배의 에너지가 들었다. 한참 후에야 자잘한 짐들을 비워서 선반 두 개를 하나로 줄였다. 주방용품만 있었던 게 다행이지 상온 식재료나 생필품까지 쟁여두었으면 더 비우기 어려웠을 것이다. 팬트리 세계에 입문하기 전 이 공간을 비워서 다행이다.

여전히 팬트리가 있는 집을 보면 저 공간을 다용도로 활용할 수 있어서 부럽긴 하다. 부럽긴 하지만 필요는 없다. 특히 마트를 옮겨온 듯한 큰 팬트리. 마트에 놔두면 알아서 직원들이 유통기한과 재고 관리를 해주는데, 집에 미리 사다 두면 내가 유통기한 관리도 해야 하고, 재고 관리도 해야 하고, 쌓인 먼지도 닦아야 한다. 나는 그런 수고를 들일 만큼 잘 관리할 자신이 없다. 나에게는 그저 감자와 양파를 놓을 수 있는 작은 바구니와 라면, 과자 같은 간식을 잠시 보관해 둘 수 있는 서랍 하나 정도면 충분하다.

치워도 치워도 집이 너저분해요. 그냥 마음먹고 한 번에 다 버려야 청소에서 해방될 수 있을까요?

혹시 물건을 치우는 속도보다 어지르는 속도가 더 빠르다거나 물건 비우는 속도보다 새로 사들이는 속도가 더 빠르진 않나요? 물건이 적으면 청소가 쉬운 건 맞아요. 그런데 치워도 치워도 집이 너저분하다면 집이 쉽게 어질러지는 구조는 아닌지, 나의 소비 습관, 청소 습관은 어떤지 한 번쯤 돌아봐도 좋을 것 같아요. 모든 물건에는 제자리를 정해주고, 사용한 후에는 다시 제자리에 놓는 습관만 잘 실천해도 청소에 쓰는 에너지가 훨씬 줄어들거든요.

우리 집에 평생
보관할 수 있을까?

(#어렸을적물건) (#추억의물건)

(#홀가분함) (#고난도정복)

우리 집이 점점 가벼워지는 게 느껴지자 친정집도 생각났다. 부모님 세대 어른들 대부분이 그렇겠지만 친정 엄마도 물건을 쟁여두는 걸 좋아하신다. 특히 새것, 좋은 것은 늘 손님이나 우리가 오면 쓴다고 아껴두시고, 당신은 오래된 것, 낡은 것을 먼저 사용하신다. 장롱 속 엔 새 수건이 가득한데도 아깝다며 헌 수건부터 사용하시고, 예쁜 그 릇이랑 찻잔은 그릇장에 고이 모셔두고 오래된 식기 먼저 사용하신 다. 나는 그럴 때마다 "아끼면 뭐하냐고, 엄마도 좀 좋은 거 먼저 쓰시 라"고 말씀드리는데도, 오랫동안 그렇게 살아오셔서 그런지 한순간에 생활 패턴을 바꾸기 쉽지 않으신가 보다.

엄마의 물건을 내 마음대로 비우거나 정리할 수는 없지만, 친정집에 있는 내 물건은 내 마음대로 할 수 있다. 대부분의 물건들은 결혼하며 신혼집으로 가지고 왔지만, 어릴 때 찍은 사진 앨범이나 상자 등은 두고 왔는데, 어느 정도 비움에 탄력이 붙자 내가 남기고 온 물건도 내가 정리하는 게 맞다고 느껴졌다. 그렇지 않으면 엄마는 분명 버리지 않고 계속 갖고 계실 것이고, 시간 문제지 그걸 정리하는 사람은 결국 내가 될 것이었다. 어차피 정리해야 하는 물건이니 마음먹었을 때 하고 싶어서 친정집 베란다 깊숙이 있던 상자를 꺼냈다.

상자 안에는 초등학교 때 쓴 일기부터 문구, 친구와 주고받은 선물, 스티커사진 등 추억의 물건이 가득했다. 예전엔 분명 하나하나 소중하다고 생각해서 보관한 것들인데, 오랜만에 열어보니 신기하게도 아무런 감흥이 없었다. 그나마 사진은 보는 재미라도 있는데, 문구나 인형 같은 물건들은 너무 낡기도 했고, 보관했던 이유조차 떠오르지 않는 게 대부분이었다.

추억의 물건은 비움의 단계에서도 가장 고난도다. 비우다 보면 그 당시 추억이 함께 떠올라 비우기가 망설여지고, 보통 다시는 구할 수 없는, 세상에 하나뿐인 물건이기 때문이다. 이럴 때는 '우리 집으로 가져가서 평생 보관하고 싶을 만큼 나에게 가치가 있는가?'를 기준으로 생각하면 낫다. 실제로 사진 몇 개를 제외하고는 가져가고 싶은 마음이 들지 않았다. 내가 비우지 못한다고 해서 친정집에 보관하는 건 지금 해야 할 결정을 미루는 것이지, 진정으로 비우는 게 아니다. 친정 엄마 당신은 절대 버리지 못할 물건들, 나의 물건들이었기 때문에 마음먹은 그날 과감히 정리했다.

상자 하나 비운다고 해서 갑자기 친정집 베란다 공간이 텅텅 가벼워 보이진 않았지만, 그걸 비우는 내 모습을 보면서 엄마는 후련하다고 하셨다. 나도 마찬가지였다. 실제로 상자를 열어보기 전까지는 '막상 열어서 물건을 마주하면 분명 버리기 힘들지도 몰라'라는 생각이 조금이라도 있었는데, 그 생각을 깨고 상자에 있던 것들을 정리한 순간 이전과는 다른 홀가분함이 느껴졌다. 가장 어렵다는 추억의 물건까지 정리하고 나니 정말 미니멀라이프가 내 생활이 되었다는 사실을 실감했다.

추억의 물건은 비움의 단계에서도 가장 고난도다. 현재가 추억보다 중요해질 때 비로소 비울 수 있으니, 조급해할 필요 없다.

CHAPTER 8

예쁜 인테리어보다 나를 위한 인테리어

#취향

　　SNS에 나온 예쁜 인테리어를 보며 현실의 우리 집과 비교
돼 괴리감이 들던 시절이 있었다. 각기 다른 소품들이 조화를 이루고,
바닥에는 예쁜 러그가 깔려 있고, 당장 잡지에 실려도 이상하지 않을
집을 보며 자꾸 우리 집과 비교했다. 현실 속 우리 집은 예쁜 소품이
아닌 알록달록한 장난감이 눈에 먼저 들어오고, 바닥엔 늘 층간 소음
을 줄이기 위한 매트가 깔려 있어 아무리 청소하고 정리해도 내가 상
상하던 느낌이 나지 않았다. 그럴수록 더 비교하고, 충분히 쓸 수 있
는데도 내가 가진 물건에 자꾸만 불만을 가졌다. SNS 세상 속 집처럼
바꾸고 싶었다.

　　그런 마음이 커질 때면 어김없이 무언가를 샀다. 예쁜 그
물건을 사서 사용할 나의 모습을 상상했다. 실제 어떤 기능이 필요한
지, 사이트마다 가격은 다른지, 대체할 물건이 있는지 꼼꼼히 비교하

기도 전에 일단 샀다. 내가 뭘 좋아하는지, 나에게 뭐가 어울리는지도 모른 채 보기에 예쁘니까, 남들이 다 쓰니까, 유행하니까 또 샀다. 그렇게 쉽게 사고, 만족하고, 질려버리는 악순환을 되풀이했다.

미니멀라이프를 통해 내 삶을 찾아가면서 이제는 광고를 봐도 쉽게 구매하지 않는다. 손가락으로 휘리릭 3초면 넘기는 잠깐의 SNS 피드를 위해 보여주기식 물건은 절대 구매하지 않는다. 누굴 보여주기 위한 살림은 불편하기만 하고 만족도가 오래 가지 않는다는 것을 안다. 그 누군가가 나 자신이라 해도 그렇다. 물건을 구매한 며칠은 나에게 즐거움을 줄 수 있겠지만, 그 짧은 며칠을 위해 나의 시간, 돈, 공간까지 더는 내어주고 싶지 않다. SNS 속 내가 부러워했던 그들의 집과 가족구성원, 생활 방식은 우리 집과 엄연히 다르다. 그 집에는 어울리고 유용한 물건일 수 있지만, 우리 집에도 똑같이 해당되는 것은 아니다.

우리 집 거실엔 여전히 러그 대신 매트가 깔려 있고, 멋들어진 인테리어 소품 진열 선반 대신 아이들 전면 책장이 자리했지만, 나는 이제 다른 집과 우리 집을 비교하지 않는다. SNS용 사진 한 장을 위한 집이 아닌, 실제 그 공간을 살아가는 우리 가족이 우선인 집. 내가 관리할 수 있을 정도의 물건만 있고 우리 가족이 생활하기 편한 지금 집의 모습이 나에게는 최고의 인테리어다.

작은 행동도 하지 않을 때
오는 해방감

소파에 소파쿠션은 당연히 있어야 한다고 생각했다. 아니, 생각할 필요도 없이 숨쉬는 것처럼 당연했다. 굵직한 인테리어는 꿈도 못 꾸는 대신 계절마다 쿠션 커버만 바꿔줘도 달라지는 거실 분위기는 큰 위안이었다. 자연스럽게 쿠션 커버를 바꾸는 게 소소한 즐거움이었고, 계절이 바뀔 때마다 그 일을 했다.

하지만 아이들이 자라면서 행동 영역이 넓어져 거실에서 놀 때면 쿠션은 늘 바닥에 나뒹굴고 금세 더러워졌다. 쿠션을 던지고, 밟고… 내 눈에는 가지런히 있어야 할 쿠션이지만, 아이들 눈에는 장난감이었다. 더러워진 쿠션 커버를 벗기고, 빨래하고, 말리고, 다시 쿠션 솜을 집어넣는 과정을 몇 번 하다 보니 소파 위에 쿠션을 올려두는 일이 즐거움이 아닌 노동으로 느껴졌고, 기대했던 인테리어 효과는 사라진 지 오래 되었다.

그날도 세탁을 마치고 햇볕에 잘 건조시킨 커버를 쿠션 솜에 씌워 소파에 가지런히 올려 두었는데, 얼마 지나지 않아 둘째 아이가 소파와 쿠션에 음료를 쏟은 걸 보고는 화가 났다. 새걸로 교체한 지 얼마 되지 않았기 때문에 더 화가 났다. 아이한테 버럭한 후 세탁하려고 커버를 벗기다가 '이렇게 관리하기 힘든데 쿠션을 꼭 놔둬야 할까?'라는 생각이 처음으로 들었다. 그동안 미니멀라이프 한다고 다른 건 다 비우면서 왜 소파쿠션 비울 생각은 못했을까. 왜 소파가 있으면 쿠션도 당연히 있어야 한다고 생각했을까. 뭐든 당연한 건 없는데 말이다.

쿠션을 비우면서 소파에 앉아 있기가 정 불편하면 베개를 가져와서 기대어 앉으면 되겠다고 생각했는데, 실제로 그런 경우는 몇 번 되지 않았다. 남편과 아이들은 쿠션이 있는지 없는지도 모르는 것 같았다. 가족들은 신경도 안 쓰는데, 그동안 나 혼자만 열심히 빨고 다시 가져다 놓은 건가 싶어 조금은 허무했다. 나를 돌아보니 평소 잘 기대어 앉아서 쿠션이 필요하다기보다는 쿠션이 그 자리에 있으니까 무의식 중에 기대어 앉는 경우가 많았다. 없으면 없는 대로 불편하다는 생각이 들지 않았고, 작은 행동이지만 소파에 앉았다가 일어설 때마다 쿠션을 각 잡아 세워두는 수고가 없어지니 정말 편하다. 그리고 무엇보다 쿠션 빨래에서 해방되니 그것만으로도 너무 좋다.

당연함을 만드는 것도, 없애는 것도 인테리어다.

물건보다 사람에게
더 신경 쓰고 싶다

(#소품) (#인형)

(#빈벽) (#에너지)

벽에 원목 선반을 달고, 미니 화분과 소품, 친구가 선물해준 신랑신부 토끼 인형을 올려두며, 본격적으로 신혼집을 꾸미기 시작하던 때가 있었다. 그땐 부모님 집을 떠나 처음으로 나의 공간이 생긴 거라 '어떻게 꾸미고, 어떻게 채울까' 하는 생각으로 머릿속이 가득했다. 소품이 하나씩 채워질 때마다 설렜고, 그렇게 꾸민 공간을 보며 뿌듯해했다.

나중에 소품과 인형 위에 소복이 쌓인 먼지를 보고서야, 그동안 내가 채우기만 하고 관리는 전혀 하지 않았다는 것을 깨달았다. 집을 꾸미는 재미에 빠져 선반 위 소품 하나하나에 먼지가 쌓이는 건 미처 돌보지 못한 것이다. 참 뜬금없는 포인트지만, 그 먼지를 털어내며 내가 새 가정을 꾸렸고 이젠 누구도 나 대신 청소해주지 않는다는 사실을 현실로 받아들일 수 있었다. 내 집이니 내가 들인 물건에 대한 관리도 다른 사람이 아닌 내가 해야 하는 것이었다. 집안의 예쁨을 관리하는 것도 물론 나의 일이었다.

다음 집으로 이사한 후에는 벽에 시계 외에는 아무것도 달지 않았다. 자주 먼지를 털어주고, 청소할 자신이 없었기 때문이다. 선반을 달지 않으니 그 위에 있던 소품과 인형도 올려둘 곳이 없어 자연스럽게 비우게 되었다. 아이들도 챙겨야 하고, 관리하고 신경 써야 할 일도, 물건도 한두 가지가 아닌데, 굳이 소품이나 인형을 관리하는 것까

나는 물건 관리를 취미로 여길 수 있는 사람인지, 그 에너지라
도 줄여야 하는 사람인지 생각해보자. 후자인 나는 선반 대신
빈 벽을 남겨두었다.

지 신경 쓰고 싶지 않았다. 미적인 것을 중요하게 생각하고 잘 관리할 수 있는 사람에겐 그런 시간이 오히려 취미로 여겨지겠지만, 나 같은 사람에게는 물건에 쓰는 에너지를 하나라도 줄이고, 그 시간을 나와 가족을 위해 쓰는 게 더 맞는 것 같다. 지금은 비워진 공간, 깔끔하게 정리되고, 깨끗하게 청소된 공간이 최고의 인테리어라고 생각한다.

내 취향이 아니면
비우면 된다

#냄비받침   #내취향

#태도

식탁에 올리는 냄비는 하나뿐인데 냄비받침은 무려 4개나 있었다. 결혼할 때 친정에서, 사은품으로, 받다 보니 개수가 많아졌다. 사실 냄비받침은 군이 골라 쓸 필요가 없는 품목인데 여러 개가 있으니 나름 골라 쓰는 재미가 있었다. 손님이 오면 가장 예쁜 냄비받침을 꺼냈고, 집에서 혼자 점심을 먹을 땐 사은품으로 받은 냄비받침을 사용했다. 회사명이 대문짝만 하게 적힌 사은품 냄비받침을 볼 때마다 정말 내 취향이 아니라고 생각했지만 그냥 썼다.

미니멀라이프를 하기 전의 나는 멀쩡한 물건을 비운다는 생각을 전혀 하지 못하던 사람이었다. 미니멀라이프를 하며 버리거나 비우는 행위에만 집중하는 것을 넘어 무엇을 남길지 고민하다 보니 물건에 대한, 물건을 대하는 나를 바라볼 수 있게 됐다. SNS에서 흔히 볼 수 있는 엄청 예쁜 물건은 아니지만, 남은 물건들은 분명 전부 내 취향의 물건들이었다. 어디서든 쉽게 얻을 수 있는 물건이 아니라 내 취향이 담긴 물건들이니, 그 물건을 대하는 것은 곧 나의 취향, 나를 대하는 태도이기도 했다.

그건 냄비받침에도 적용되었다. 누군가는 '냄비받침까지 취향을 따져야 해?'라고 생각할 수도 있지만, 분명 4개의 냄비받침 중에서도 내가 아껴가며 사용하고 싶은 것, 반대로 손이 덜 가는 것이 있었다. 손이 많이 가는 게, 그 누구도 아닌 나의 취향이라고 생각한다. 엄연히 내 취향의 물건이 있는데도, 나를 위해선 그 물건을 쓰지 않는 모

예쁘다는 것은 거부할 수 없는 매력이다. 하지만 그 예쁨이 나를 위한 것인지, 남을 위한 것인지 깨달을 때 나의 미니멀라이프가 시작된다.

습도 이상했다. 나만의 기준에 따라 가장 좋아하는 냄비받침 하나만 남겨두고, 모두 비웠다. 취향을 따져 남긴 냄비받침은 지금도 아껴가며 잘 사용하고 있고, 주방에 걸려 있는 모습을 볼 때마다 기분이 좋다. 누군가에게 보이기 위해서가 아니라 나를 위해 예쁜 물건을 쓰는 방법을 작은 냄비받침을 통해 깨달았다.

우리 집 라이프스타일에
어울리는 잔

#찻잔   #머그잔

#유리잔   #자연스러움

손님 올 때 쓰라고 시어머니가 선물해주신 찻잔. 신혼 초 교회 목사님께서 심방 예배를 오셨을 때 꺼내보고 그 뒤로는 사용한 적이 없었다. 주로 커피나 차를 마실 땐 머그잔을 사용하고, 여름에는 시원한 음료를 마시니 유리잔을 더 많이 사용하기 때문에 찻잔을 쓸 일이 거의 없었다.

미니멀라이프를 하며 주방 상부장을 열 때마다 비우고 싶다는 생각이 들었지만, 시어머니가 주셨다는 이유로 쉽게 비울 수 없었다. 예쁘기도 했고, 언젠가 쓸지도 모르고, 또 '시어머니가 오셔서 찾기라도 하면 어떡하지?'라는 걱정도 들었다. 솔직히 말하면 충분히 이해해주실 분이고, 거리가 멀어 1년에 한 번 오실까 말까 한데 괜한 걱정이라는 것을 알면서도, 온갖 이유를 붙여 그렇게 몇 년을 보관만 했다.

어느 날 집에 놀러 온 이웃집 동생이 아이의 안전을 위해 집에 있는 잔을 전부 플라스틱으로 바꿨더니 뜨거운 차를 담을 찻잔이 없다며 사고 싶다는 이야기를 했다. 상부장에서 꺼내 보여주며 괜찮은지 물어보고 그 자리에서 바로 선물로 주었다. 몇 년을 가지고 있으며 고민했던 시간이 무색할 만큼 비우는 데 단 5분도 걸리지 않았다.

찻잔을 비우며 우리 집의 라이프스타일을 다시 생각해보았다. 살림을 하다 보니 가끔 예쁜 디자인의 그릇, 주방용품을 보면 '갖고 싶다'는 생각이 들 때가 있는데, 이런 물건은 본연의 쓰임을 하지 않고 '예쁜' 역할만 할 때도 있다. 하지만 우리 집엔 찻잔을 장식품으로 놔둘 만한 공간도 없었고, 그렇게까지 장식해두고 싶지도 않았다. 사용 빈도를 고려했을 때도 머그잔과 유리잔을 더 많이 사용하는 우리 집에는 결국 필요 없는 물건이었다.

나는 손님이 와도 차를 머그잔이나 유리잔에 따라서 드리는데, 그게 평소 우리 집의 스타일이기도 하고, 지금까지 그렇게 드렸다고 해서 뭐라 하는 손님은 없었다. 반대로 내가 다른 집에 손님으로 갔을 때를 생각해봐도, 초대해준 마음과 함께하는 시간이 중요하지, 컵 종류에는 전혀 신경 쓰이지 않았다. 아마 우리 집에 왔던 손님들도 나와 같은 마음이었을 거라 생각한다.

나는 머그잔과 유리잔을 고를 때 입구가 넓어 설거지하기 편하고, 알록달록하고 화려한 무늬보다는 단색의 심플한 디자인을 좋아하는데, 컵 외에 그릇이나 주방도구를 고를 때도 같은 기준으로 물건을 고르는 걸 보면 그게 내 취향 같다. 관리하기 쉽고, 오래 보아도 질리지 않는 것. 평소에 내 취향이 듬뿍 담긴 컵을 사용하니 찻잔을 비운 것에 더더욱 아쉬운 마음이 들지 않는다.

시어머니께서 주신 찻잔을 비운 후로 예쁜 찻잔을 봐도 갖고 싶다는 생각이 들지 않고, 그릇이나 주방용품을 구매할 때 더 신중히 따져보게 됐다. 사용하지도 않으면서 단순히 갖고 싶다는 마음으로 충동

없어도 될 물건을 비우지 못하는 데는 온갖 핑계가 필요하다. 자연스러운 행동보다 설명을 더 많이 해야 하는 삶은 내 삶이 아니지 않을까.

구매를 하면, 또 얼마 쓰지 않고 온갖 이유를 만들어내며 주방 구석에 보관만 할 것이 분명하다. 내게 찻잔을 받은 이웃집 동생을 생각해보면 일상에서 자연스럽게 그 찻잔을 사용할 사람이다. 사람도, 물건도 자연스러운 모습이 좋다.

손님보다 우리가
더 오래 머무는 곳이니까

(#그릇)　(#다용도그릇)

(#우리집)

결혼하면서 외숙모에게 8인용 그릇 세트를 선물로 받았다. 두 식구가 사용하기엔 많은 양이었지만, 외숙모 말대로 집들이도 하고, 손님이 오면 필요할 거라는 생각에 감사히 받았다. 8인용 그릇 세트라길래 국그릇, 밥그릇만 8개씩 들어 있는 건 줄 알았는데, 면기도 8개가 들어 있었고, 그라탕기, 사각 접시, 넓적한 접시, 오목한 접시 등 그릇 개수만 40개가 넘었다. 당시 신혼집은 지어진 지 30년이 넘은 오래된 관사라 수납공간이 적었고, 주방도 정말 좁았다. 상부장이 세 칸뿐이어서 한 칸에는 상온 양념, 컵, 반찬용기를 보관했고, 나머지 두 칸 모두를 그릇 보관에 사용해야 했다. 상부장 두 칸이 가득 차고도 들어가지 않아서 몇몇 그릇은 상자에 다시 넣어 베란다에 보관했다. 그릇은 많은데 수납공간은 적으니 자주 사용하는 그릇은 1층과 2층에 보관하고, 자주 사용하지 않는 그릇은 맨 위 칸에 보관하며 나름 계획적으로 수납을 했다.

그릇을 비워야겠다고 생각하고서야 깨달은 사실이지만, 손님 초대를 자주 하는 편인데도 동시에 8명을 초대한 적은 단 한 번도 없었다. 손님 초대를 하더라도 집에서 모든 요리를 만들기보다는 음식을 사 와서 먹는 경우가 많아 국그릇, 밥그릇을 세트로 꺼내지 않고 주로 앞접시만 사용했다. 필요 여부도 생각하지 않고, 있으니까 그냥 보관했던 셈이었다. 지금은 우리 가족 수에 맞게 국그릇 다섯 개, 밥그릇 다섯 개만 남겨놓고, 그 외 여분의 그릇은 모두 비웠다. 접시도 네 개의 반찬을 한 번에 담을 수 있는 나눔 그릇과 다용도로 사용 가능한 크기의 그릇을 최소한으로 줄였다.

다용도로 사용 가능한 크기의 그릇은 내가 그릇을 최소한으로만 남기는 데 큰 몫을 했다. 아무래도 보기 좋은 떡이 먹기에도 좋듯이, 음식과 어울리는 그릇에 담으면 요리가 더 돋보이는데, 이 다용도 그릇엔 뭘 담아도 어울린다. 약간 높이가 있는 오목하고 넓은 흰 그릇인데, 파스타, 볶음밥, 카레 같은 한그릇 요리부터 갈비찜이나 생선조림 같은 메인 요리까지 담기에 넉넉하다. 흰색이라 어떤 음식과도 잘 어울린다. 그릇을 비울 때 우리 가족이 자주 해 먹는 음식, 식탁에 올리는 음식의 양까지 생각하며 비우고 남겼는데, 다행히 이 다용도 그릇이 비운 그릇들의 몫까지 잘 감당해주고 있다.

똑같은 크기의 공간이어도 예전에는 주방 상부장 맨 위 칸까지 그릇이 빼곡하게 차 있어 그릇 하나 꺼내기가 힘겨웠다. 물건 사이사이 여유가 생긴 지금은 어떤 그릇이든 꺼내고 다시 넣기가 쉽다. 그리고 어차피 상부장 맨 위 칸은 손도 닿지 않으니 아예 비웠다. 더 이상 상부장 맨 위 칸에 있는 그릇을 꺼내기 위해 의자를 밟고 올라가지 않아도 되고, 겹쳐 있는 그릇을 꺼내기 위해 위쪽에 있는 그릇을 일일이 들어내지 않아도 되니 주방일이 한결 편하다. 사소한 변화지만, 동작 하나가 줄어든 게 살림할 때 얼마나 편한지 모른다.

이불이나 그릇처럼 평소 사용하지도 않으면서 어쩌다 한 번 오는 손님을 위해 보관하는 물건들이 있다. 많은 인원의 손님이 자주 오는 집이라면 보관해도 문제가 없지만, 비움을 고려하고 있는 집이라면 우리 집에 손님이 얼마나 오는지, 보통 몇 명이 오는지, 자고 가는 횟수는 얼마나 되는지 생각해보고 꼭 필요한 만큼만 남겨두면 좋다. 손님 집이 아니라 우리 집이고, 우리 가족이 더 많은 시간을 보내는 곳이니, 그 소중한 공간을 우리 가족을 위해 사용해야 한다.

Q & A

혹시 모를 손님용 이불과 베개는 어떻게 하시나요?
가끔 손님들이 자고 가서 계절별로 준비해놓긴 했는데,
공간을 많이 차지해서 고민돼요.

저희 집 같은 경우는 잠을 자고 가는 경우가 부모님밖에 없더라고요. 그럴 땐 부부 침실을 내어드리고 저희 부부는 아이들과 같이 자고 있어요. 계절별로 손님용 이불을 모두 구비해두기보단 사계절 공용 이불로 준비해두었는데, 잘 때 크게 불편하진 않더라고요. 잠깐 불편하더라도 어쩌다 한두 번밖에 없는 일인데, 그 정도는 충분히 감당이 되고요.

커트러리를
꼭 살 것이다

(#커트러리)　(#로망)

(#계획)　(#진행중)

플레이팅 사진을 보면 꼭 등장하는 예쁜 커트러리. 부모님 집을 떠나 살림을 막 시작한 내게 커트러리는 로망이었다. SNS를 보면 예쁘게 차려놓고 먹는 사람들이 얼마나 많은지, 그런 사진을 볼 때마다 '나도 저렇게 요리하고 싶다, 나도 저렇게 예쁘게 차려놓고 먹고 싶다'는 생각을 은연중에 했던 것 같다.

내가 사고 싶었던 커트러리는 포르투갈 럭셔리 브랜드였는데, 아무 무늬 없이 손잡이 부분에만 색이 들어간 심플한 디자인으로 유명하다. 여러 구성 중에서도 포크가 참 맘에 들어 사고 싶었다. 플레이팅 사진을 봐도 음식보다는 포크가 눈에 먼저 들어올 만큼 볼 때마다 예쁘다고 생각했다. 볼 때마다 예쁜 만큼 볼 때마다 비싸게 느껴져서 구매할 엄두도 못 내고, 일단 비슷하게라도 느낌을 내고 싶어 저렴한 커트러리 세트를 구매했다. 나의 이상은 얇고, 심플한 디자인이었는데, 가격에 맞춰 구매한 커트러리는 두껍고, 도트 무늬가 들어간 귀여운 디자인이었다.

그 커트러리는 언제, 어떻게 꺼내봐도 내가 꿈꾸던 것과는 거리가 멀었고, 괜히 플레이팅도 내 마음처럼 되지 않았다. 커트러리를 산 후 제대로 써보고 싶어서 파스타를 만들었는데, 어딘가 많이 부족했다. 신경 써서 분위기 좀 낸 특별한 상차림이 아니라 누가 봐도 푸근한 집밥 느낌, 분명 양식인데도 한식 같았다. 파스타 옆에 놓인 커트러리도 고급스러워 보이지 않았다. 너무 저렴한 걸 사서 그런가? 처음 생각했던 그 커트러리를 샀다면 달랐을까? 아니었다. 예쁜 플레이팅을 위해서는 음식, 그릇, 테이블 매트, 냅킨, 조명 등 모든 게 어우러져야 하는데, 커트러리만 준비했던 나의 실수였다.

예전 같으면 '쓰지 않더라도 커트러리 정도는 집에 있어야지'라고 생각했겠지만, 미니멀라이프를 시작하고 어느 정도 비움에 탄력이 붙자 커트러리도 비워야겠다 생각했다. 사용하지도 않으면서 가지고 있는 게 오히려 공간 낭비라는 생각이 들었고, 남들이 잘 쓴다고 우리 집에도 반드시 필요한 물건은 아니라는 것을 깨달았기 때문이다. 커트러리를 비우면서 구매하던 당시 얼마나 설레면서 샀는지 그때의 마음이 생각나 잠깐 추억에 잠기기도 했지만, 그게 물건을 계속 가지고 있어야 할 이유는 되지 않았다.

커트러리를 비워도 집에서 음식을 예쁘게 차려놓고 먹고 싶다는 내 로망은 여전하다. 다만 구매해놓고 사용하지도 않아 비운 경험이 있기에, 예전처럼 무턱대고 저렴한 가격대의 물건을 대충 사고 다시 후회하는 일을 반복하고 싶지 않다. 언젠가 요리 실력도 늘고, 플레이팅에도 자신이 생기면 그때 마음에 담아두었던 커트러리로 꼭 살 것

내 공간을 무엇으로 채우느냐, 그것이 나의 미니멀라이프다.

이다.

　나에게 미니멀라이프란 물건의 수는 적지만 그 물건들이 내 취향에 꼭 맞고, 내가 살고 있는 공간과 자연스럽게 어울리는 삶이다. 나의 미니멀라이프는 여전히 진행 중이다.

4주 완성
미니멀라이프
프로젝트

내게 미니멀라이프를 어디서부터 시작해야 하는지 묻는 사람이 많다. 시작은 사람마다 다를 수 있다. 비닐봉지 같은 쓰레기를 정리할 수도 있고 큰 가구부터 들어내고 시작할 수도 있다. 2~8장 중 아무 페이지나 펼쳐서 나온 아이템부터 시작해도 상관없다.

'4주 완성 미니멀라이프 프로젝트'는 어디서부터, 얼마 동안, 언제까지 미니멀라이프를 해야 하냐고 묻는 사람들을 위해 마련했다. 사실 미니멀라이프는 어디서부터 어디까지, 언제부터 언제까지라는 개념이 없다고 생각한다. 삶이고 생활이기 때문이다. 다만 미니멀라이프를 통해 나처럼 극적인 변화를 한 번 겪고 나면 그 삶과 생활을 지속하기가 훨씬 쉽다. 그 변화를 일구는 시간을 4주로 잡고 이 코너를 준비했다.

이 프로젝트는 물건 비우기와 가계부 쓰기를 함께 진행한다. 미니멀라이프와 소비, 절약은 매우 관련이 깊고, 함께하면 시너지 효과가 난다는 것을 직접 경험했다. 단순히 가계부만 적는 건 아니다. 내가 어디에 주로 소비를 하는지, 낭비한 것은 없는지 피드백을 해야 하고, 가계부 기록과 함께 고정지출, 비정기지출도 함께 파악해야 한다. 아울러 냉장고 파먹기와 물건 정리가 꼭 함께 이뤄져야 한다. 그래야 지속가능한 미니멀라이프, 선순환의 흐름을 탈 수 있다.

프로젝트에서는 일련의 과정을 돈 정리, 물건 정리로 구분하고 매주 돈 정리 한 번 물건 정리 한 번, 총 두 개의 미션을 수행하도록 구성했다. 4주 코스지만 각자의 상황에 맞게 한 주에 하나의 미션을 수행하며 8주로 완성할 수도 있다. 차근히 하다 보면 어느새 삶이 달라지기 시작할 것이다.

	#돈정리	#물건정리
1주차	가계부 준비	냉장고 정리 및 냉장고 가계부 작성
2주차	가계부 매일 작성 시작, 재무목표 작성	매일 비움 시작
3주차	통장 흐름 파악 및 보험 점검	매일 비움
4주차	비정기지출 리스트 및 자산리스트 작성	유지 연습 및 마무리

가계부 준비

수기 가계부든, 엑셀이나 어플 가계부든 상관없다. 내가 사용하기 편한 가계부면 된다. 만약 가계부를 처음 작성한다면, 개인적으로 수기 가계부를 추천한다. 손으로 직접 가계부를 작성하면 나의 소비 습관을 돌아볼 수 있고, 생활비 잔액을 파악하기도 쉽다. 가계부를 고를 땐 이것저것 복잡하게 작성해야 하는 가계부보다는, 생활비를 중심으로 작성할 수 있고, 주간 단위로 결산이 가능한 가계부를 선택하길 바란다. 월 예산을 일주일 단위로 나눠서 생활하고 피드백하는 게 생활비를 절약하는 중요한 방법 중 하나다.

냉장고 정리 및
냉장고 가계부 작성

가계부 쓰기와 물건 정리의 접점은 바로 냉장고다. 유통기한이 지난 음식, 손이 잘 가지 않는 음식 등을 정리하면서 내가 얼마나 무분별하게 소비해왔는지 되돌아볼 수 있다. 처음부터 너무 큰 공간을 정리하는 것보다 한정된 공간을 정리하는 것이 더 쉽다.

냉장고 정리하는 방법

1. 모두 꺼내기   2. 꺼내면서 버릴 것과 남길 것 정하기

3. 비워진 냉장고 서랍과 선반 청소하기   4. 남길 식재료 정리 수납하기

5. 냉장고 가계부 작성하기

유통기한이 지난 음식, 언제부터 있었는지 모르는 음식은 과감하게 버리고, 우리 가족이 먹기에 너무 많은 식재료는 주변에 나눠주자. 그리고 냉장고 가계부를 작성하자. 냉장고 가계부를 적으면 냉장고를 열지 않고도 무슨 음식이 들었는지 한눈에 알 수 있고, 장을 보러 가거나 식단을 짤 때도 도움이 된다. 간식류나 간장, 매실액 같은 양념류까지 세세하게 적는 것보다는 요리가 가능한 식재료 위주로만 적는 것이 식단 짤 때 보기에도 편하다. 냉장고 가계부를 따로 적지 않고 영수증을 냉장고에 붙여두고 목록을 하나씩 지우면서 체크하는 사람도 있고, 냉장고 가계부 양식을 다운 받아 냉장고에 붙여두는 사람도 있는데, 나는 핸드폰 메모장에 작성한다. 수정이 쉽고, 갑자기 장을 보러 가는 일이 생겨도 언제든 확인하기 편하기 때문이다.

그리고 이 냉장고 가계부를 보면서 3~4일치 식단을 짠다. 보통 일주일 단위로 식단을 많이 짜는데, 내가 3~4일치 식단 작성만 추천하는 이유는 그렇게 해야 남아서 버리는 식재료 없이 알뜰하게 먹을 수 있기 때문이다. 음식 양이 남아서 다음 날까지 이어서 먹는다거나 외식이나 배달음식을 먹게 되면 준비한 식단이 밀리는 경우가 있다. 이렇게 3~4일치 식단을 짜도 그 사이에 변수가 생겨 식단이 밀리는데, 일주일치 식재료를 준비하면 그중 어떤 식재료는 분명 먹지 못하게 될 가능성이 높다. 그러면 식비도 낭비하게 되고, 음식물 쓰레기도 생기기 때문에 웬만하면 먹을 만큼만 사서 싱싱할 때 맛있게 먹고, 장을 한 번 더 보는 것이 여러모로 낫다.

냉장실에 있는 식재료	가능한 요리 / 3~4일치 식단
냉동실에 있는 식재료	
실온에 있는 식재료	
김치냉장고에 있는 식재료	
장보기 목록	

냉장고 가계부

가계부 매일 작성 시작,
재무목표 작성

가계부를 작성하기 전에 가계부 기준일을 꼭 정해야 한다. 매월 1일을 기준으로 작성할지, 월급일을 기준으로 할지 말이다. 자영업자라면 1일을 기준으로 작성하고, 직장인이라면 월급일을 기준으로 작성하는 게 계산하기가 더 편하다. 돈 관리도 단순해야 지속하기 쉽다. 단순하고 제일 좋은 방법은 신용카드를 없애고 현금으로만 생활하고, 월급이 들어오면 그 돈으로 선 저축, 후 지출하고, 남는 돈은 다시 비상금 통장으로 보내는 것이다.

그다음엔 생활비 전용 계좌를 만들어야 한다. 지출 통로가 다양하면 가계부를 적는 데 시간이 오래 걸리고, 확인할 게 많으니 쓰기도 전에 지쳐 가계부 생활을 지속할 수 없다. 뭐든 미니멀해야 오래할 수 있다. 생활비 예산을 정해서 딱 그만큼만 생활비 계좌에 넣어두고, 그 계좌와 연결된 체크카드나 현금으로만 지출하면 가계부를 적을 때 생활비 계좌만 확인하면 된다. 당장 신용카드를 없애기 어렵다면, 생활비만이라도 꼭 전용 계좌를 만들어 생활하기를 추천한다. 신용카드 사용액을 줄이는 데 큰 도움이 될 것이다.

그후 매일 가계부를 작성하며 생활비 잔액을 파악한다. 나는 가계부를 적을 때 내가 조금 더 줄일 수 있었겠다 싶은 지출에는 형광펜으로 표시를 한다. 형광펜 표시가 많으면, 내가 그 달에 낭비를 많이 했다는 의미이기 때문에 다음 달에는 좀 더 신경 써서 지출할 수 있다. 그리고 주간 결산, 월간 결산을 통해 꼭 피드백을 한다. 피드백이 없으면, 가계부는 그저 기록일 뿐이다. 내가 이번 달엔 뭘 잘했는지, 뭘 반성해야 하는지, 어떻게 생활하는 게 생활비 절약에 도움이 되는지 피드백을 하면서 우리 집의 적정 생활비를 파악하자. 3개월 정도 기록해보면, 우리 집의 적정 생활비를 알 수 있을 것이다.

가계부 작성법

1. 가계부 기준일을 정한다.

2. 생활비 전용 계좌를 만든다.

3. 생활비 예산을 정하고, 생활비 계좌와 연결된 체크카드 또는 현금으로만

지출한다.

4. 가계부를 작성하며 매일 생활비 잔액을 파악한다.

5. 주간 결산, 월간 결산을 통해 피드백을 한다.

6. 우리 집의 적정 생활비를 파악한다.

이렇게 가계부를 매일 작성하고 인증하며 습관화하는 동시에 우리 집 전체 돈 관리를 위한 재무목표를 작성한다. 재무목표는 노후 준비, 부채 상환, 내 집 마련, 자녀 출산, 자녀 교육, 자녀 결혼 등 생애주기에 따른 목표를 말한다.

뒷장의 그래프는 우리 집의 재무목표다. 가족의 생애 주기에 따라 적으면 되는데, 여기서 주의 깊게 봐야 할 것은 1년 뒤, 5년 뒤 뿐 아니라, 자녀 나이(첫째 기준)를 기준으로 본격적인 교육이 시작되는 시기를 기록한 부분이다. 여기서는 고등학교 때부터 계산했는데, 중학교 때부터 계산하는 사람도 있을 것이다. 이때부터는 교육비가 늘어나 저축이 감소하거나 중단되기 때문에 반드시 대비해야 한다. 이처럼 우리 가정에 변화를 줄 이벤트가 있다면 그 시기를 꼭 함께 기록해두자.

나도 이 그래프를 작성하면서 남편의 첫 번째 은퇴를 대비할 수 있었다. 너무 먼 미래는 사실 감이 오지 않아서 세부적인 계획을 세우기가 쉽지 않다. 그리고 모든 것이 계획한 대로 이루어지는 것도 아니다. 하지만 미래를 생각하며 전체적인 우리 집의 재무목표를 작성해보는 것은 돈 정리를 시작함에 있어 매우 중요하다.

재무목표 작성하는 법

1. 생애주기에 따른 재무 그래프 그리기

2. 우리 가족이 돈을 벌고, 모아야 하는 이유 작성하기

3. 우리 가족이 돈을 벌고 모으는 데 걸림돌이 되는 최대 장애요소 작성하기

재무목표 : 노후 준비, 부채 상환, 내 집 마련, 자녀 출산, 자녀 교육, 자녀 결혼 등의 목표

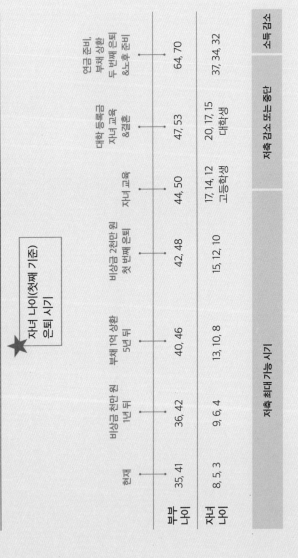

재무목표의 예

재무목표 :

주요 목표

나이

소득 주기

자신의 재무목표를 세워보세요.

281

매일 비움 시작

돈 정리를 시작할 때 가장 먼저 재무목표를 작성해보듯이 물건 정리를 시작하기 전에도 내가 바라는 집, 그 안에 있는 나와 가족의 모습을 상상하고, 글로 적어보는 과정이 필요하다. 그리고 정리 전 사진을 꼭 찍어두자. 시각적인 변화를 객관적으로 느낄 수 있기 때문이다.

먼저 주방, 거실처럼 가장 많은 시간을 머물고 있는 곳부터 정리해보자. 보이지 않는 곳부터 시작하면 아무리 비워지고 정리가 되더라도 눈에 보이지 않으니 미니멀라이프를 지속할 힘이 나지 않는데, 보이는 곳부터 깨끗해지고 정돈되면 다른 곳들도 하나씩 정리하고 싶은 마음이 든다. 가장 많은 시간을 머무르는 곳이다 보니 미니멀라이프의 장점과 변화를 빨리 느낄 수 있다.

다음은 물건별로 정리한다. 예를 들어 옷을 정리하겠다고 마음먹었는데, 옷이 한 군데만 있는 게 아니라 드레스룸, 안방, 베란다에 각각 나눠져 있는 경우도 있다. 드레스룸이 따로 없거나 있더라도 작은 경우, 계절 옷은 리빙박스에 넣어 베란다에 두고, 현재 입는 옷만 옷장에 보관하는 경우도 있다. 물건별로 한곳에 전부 모아서 비움 여부를 결정한 후 다시 수납한다.

셋째는, 수납용품부터 사지 않는 것이다. 정리를 마치기 전에 수납용품부터 사면, 내가 남길 물건의 정확한 양을 모르기 때문에 필요한 양보다 더 많이 살 확률이 높다. 그러면 다시 필요 없는 물건이 생기는 것이다. 그러므로 수납용품은 모든 정리가 끝난 다음에 그 양에 맞게 구매하자. 웬만하면 새로 사지 말고, 기존에 있던 수납용품을 활용하거나 물건을 비워 수납용품을 살 일이 없는 게 제일 좋다.

마지막으로, 남기기로 결정한 물건은 꼭 제자리를 정해주어야 한다. 누구든 물건을 쉽게 찾고, 다시 넣을 수 있도록 라벨링을 해두면 더 좋다. 그 물건을 쓰고 난 후에는 반드시 제자리에 둔다는 규칙만 정하면 정돈된 집을 유지하기가 쉽다. 또한 한 번 입은 외출복, 매일 들고 다니는 가방, 잠깐 벗었다가 다시 쓸 마스크 등의 자리도 꼭 정해준다. 이런 것들 때문에 집안이 정돈되지 않아 보이고, 다시 어질러지기 쉽기 때문이다.

통장 흐름 파악 및
보험 점검

물건이든 돈이든 정리를 하려면 현재 상황을 파악해야 한다. 월급은 며칠에 어느 통장으로 들어오는지, 통장에 들어온 돈들은 언제, 어느 항목으로 나가는지 알면, 어떻게 돈 정리를 해야 할지 파악하기 쉽다.

우리 집의 모든 수입은 메인 통장(남편 월급 통장)으로 모으고 있다. 수입을 한곳으로 모아야 관리가 편하기 때문이다. 저축과 각종 고정 지출은 월급이 들어오자마자 그날 바로 메인 통장에서 빠져나가게 설정해두었다. 그리고 나머지 필요한 항목들은 개별 통장으로 이체해 관리하고 있다. 이게 바로 선 저축, 후 지출!

가계부를 쓰기 시작한 초반에는 생활비를 기록하고, 카테고리를 정하는 것만으로도 시간이 걸린다. 3주차쯤 되면 어느 정도 적응이 되어 고정지출과 비정기지출의 개별 항목도 눈에 들어오고, 고정지출에 대한 의문도 하나씩 생긴다. 이때에는 그동안 몰랐던 할인혜택을 신청하거나 핸드폰 요금을 알뜰폰 통신사로 바꾸거나 보험 리모델링을 진행하여 보험료를 줄이는 시도도 시작하길 추천한다.

돈 정리에 빠질 수 없는 항목 중 하나가 바로 고정지출이다. 고정지출은 관리비나 전기요금, 수도요금, 가스요금, 통신비, 보험료 등을 말한다. 고정지출은 줄이지 못하는 돈이라고 생각하는 사람들이 많은데, 생활비를 아껴야 한다는 부담감 때문에 커피 한 잔 마실까 말까 고민하기보다 고정지출을 줄이는 게 스트레스도 적고, 금액적으로도 더 이익이다. 그러니 꼭 한 번 점검하자.

보험 가입 시 유의사항 찾아보는 법

금감원에서 운영하는 금융소비자 정보포털 '파인(fine.fss.or.kr)'을 통해 보험에 대한 각종 정보를 얻을 수 있다. 홈페이지에 들어가면 보험 가입 전 필수 체크포인트, 알아두면 유익한 보험계약 관리 노하우, 각종 보험 가입 시 유의사항 등이 안내되어 있다. 내가 가입하려는 보험을 검색해보고 설계사를 만나면, 보다 현명하게 가입할 수 있을 것이다.

번호	구분	내용	체크
1	주방	비닐봉투, 쓰레기봉투, 쇼핑백	
2		차, 커피	
3		일회용품	
4		컵, 물병, 텀블러	
5		반찬 용기	
6		그릇, 접시류	
7		조리 도구 및 식사 도구	
8		냄비, 프라이팬	
9		주방 가전 및 기타	
10	거실	서랍장	
11		가정 상비약	
12		가전 사용설명서	
13	욕실	수납장/수건/여성용품	
14		소모품(치약, 칫솔, 샴푸 등)	
15		청소도구	
16	현관	우산/야외용품, 외출용품	
17		신발	
18	화장대	화장품/샘플/액세서리	

19	의류	속옷, 양말, 스타킹	
20		가방/잡화(모자, 스카프, 넥타이, 벨트 등)	
21		거는 옷, 개는 옷, 한 번 입은 옷	
22		이불	
23	아이방	장난감(고장난, 더 이상 놀지 않는), 교구, 인형	
24		아이 속옷, 양말, 액세서리	
25		거는 옷, 개는 옷, 한 번 입은 옷	
26		작아진 옷, 계절 옷	
27		책, 학습지, 참고서	
28		문구류, 아이 작품	
29		아이 책상 등 개인 공간	
30	베란다	세탁용품	
31		청소도구, 청소용품	
32		비품(화장지, 세제, 기타 소모품)	
33		공구함, 전선/멀티탭	
34	기타	책	
35		문구류, 기타 서류	
36		취미 용품	
37		추억의 물건	
38	마무리	그동안 못했던 곳, 꼭 하고 싶었던 곳	

비정기지출 리스트 및
자산리스트 작성

이제 한 주만 더 하면 돈 정리는 끝난다. 가계부를 한 번도 안 써본 사람은 생활비(변동지출)와 고정지출만 정리해도 뿌듯하겠지만, 여기서 멈추면 안 된다. 한 단계 더 나아가 비정기지출과 자산리스트까지 정리해야 모든 돈 정리가 끝이 난다.

비정기지출은 세금, 경조사비, 명절비, 휴가비, 가전/가구 구입비 등을 말한다. 생활비와 고정지출이 아닌 모든 지출이 포함된다. 비정기지출은 월 단위로 떠올려보면 작성하기가 쉽다. 오른쪽 표는 우리 집의 2021년 비정기지출 리스트다. 예산일 뿐 실제 지출액과는 차이가 있을 수 있다. 금액을 보면 900만 원이 넘는다. 적다 보면 1,000만 원을 넘기는 경우도 다반사다. 9,030,000원을 12개월로 나누면 매달

	항목	예산	실제 지출액
1월	자동차세	400,000원	
2월	설날&접대비	1,000,000원	
3월	동생 출산 축하금	1,000,000원	
5월	어린이날	50,000원	
	어버이날& 시어머니 생신	1,000,000원	
6월	자동차 보험료	450,000원	
7월	재산세	1,000,000원	
8월	주민세	30,000원	
	휴가비	700,000원	
9월	추석& 시아버지 생신	1,000,000원	
10월	친정 엄마 생신	300,000원	
기타	경조사비	600,000원	
	자동차 수리비	1,000,000원	
	의류 구입비	500,000원	
	합계	9,030,000원	

비정기지출 리스트의 예

752,500원이나 된다. 엄청 큰돈인데, 대부분 사람들은 저축액과 생활비, 고정지출까지는 대비를 하지만, 이 비정기지출까지는 대비하지 못하는 경우가 많다. 그래서 야금야금 생활비에서 끌어다 쓰거나 신용카드를 쓰면서 다잡은 소비 생활을 무너뜨린다. 게다가 비정기지출은 줄이기도 쉽지 않다. 세금을 내지 않을 수도 없고, 경조사도 안 챙기면 욕먹기 쉬우니까. 그렇기 때문에 돈 정리를 위해서는 비정기지출까지 꼭 대비해두어야 한다.

이렇게 리스트를 작성했다면, 매달 752,500원씩 적금처럼 모을지 아니면 목돈을 처음부터 비정기지출 통장에 넣어두고 사용할지 결정해야 한다. 자신에게 편한 방법을 택하면 된다. 이 리스트를 작성하는 이유는 비정기지출에 대비하자는 것이니 중간에 딴 곳에 돈을 쓰지 않도록 주의하자.

다음은 자산리스트를 작성한다. 가계부에도 저축액을 적는 칸이 있긴 하지만, 매달 얼마씩 저축하는지만 알 수 있다. 우리 집 전체 자산이 얼마인지는 가계부에 나와 있는 항목만으로는 파악하기가 힘들기 때문에 가계부 월간 결산을 하는 날 엑셀 파일로 자산리스트도 함께 업데이트하는 게 좋다. 자산리스트는 가족 구성원 별로 구분하여 금액, 금융기관명, 월납입액, 만기일 등을 적어도 되고, 저축, 펀드, 주식, 부동산 등 종류별로 구분하여 작성해도 된다.

	항목	예산	실제 지출액
1월			
2월			
3월			
4월			
5월			
6월			
7월			
8월			
9월			
10월			
11월			
12월			
	합계		

비정기지출 리스트를 작성해보세요.

유지 연습 및 마무리

지금까지 열심히 실천해온 돈 정리, 물건 정리가 지속되려면 이 모든 일을 습관으로 만드는 게 중요하다. 사용한 물건은 제자리에 놓기, 설거지하면서 주방 청소까지 마치기, 잠들기 전에 식탁과 거실 정리하기, 정해진 시간에 가계부 쓰기, 나갔다 들어오며 현관 정리하기 등 행동을 정해서 습관화해보자. 이미 한 차례 비움이 끝난 터라, 정리와 청소에 시간이 오래 걸리진 않을 것이다. 이젠 물건이 비워진 자리를 좋은 습관으로 채우는 일만 남았다.

4주 동안 미니멀라이프 프로젝트를 해본 소감을 적어보세요.
부족했던 점, 더 해나가고 싶은 점뿐만 아니라,
앞으로 당신의 라이프는 어떻게 변해갈지도 상상해보세요.

비움 챌린지 **36**

'아, 이거 쓰레기인데 왜 갖고 있었지?'

유통기한이 지난 약	사용하지 않는 통장, 카드	언제 받았는지도 모르는 화장품 샘플	비위생적인 청소용품	사용할 일이 없는 할인 쿠폰, 적립 카드	빈 유리병, 빈 잼병
지갑 속 영수증	굳어버린 매니큐어	확인을 마친 우편물, 광고 전단지	유통기한이 지난 냉장고 속 재료들	개봉한 지 1년도 넘은 화장품	음식 배달 시 받은 소스들
장 보고 받은 비닐봉지, 쇼핑백	코팅이 벗겨진 냄비, 프라이팬	흠집이 난 플라스틱 반찬 용기	오래된 플라스틱 물병, 물컵	냉장고에 붙어 있는 물건들	구멍 나거나 한 짝만 남은 양말
쓰지 않는 신발 상자, 신발 끈	발이 아프거나 오래되어 해진 신발	오래된 플라스틱 주걱	굳어서 안 나오는 펜	고장난 장난감	3개월 이상 사용한 칫솔
택배 배송 후 받은 에어캡	연령에 맞지 않는 장난감, 책	작아진 아이 옷, 신발	사용할 일이 없는 육아 용품	수명이 다한 건전지	필요 이상의 장바구니, 에코백
택배 배송 후 받은 아이스팩	생명을 잃은 식물들	없는 물건의 사용설명서	얼룩이 지워지지 않는 옷	사이즈가 맞지 않는 옷	고장난 우산

비움 챌린지 30

미니멀리스트로 가는 길

1년 동안 입지 않은 옷	보풀이 심하거나 늘어난 옷	들고 다니지 않는 가방	사용할 일이 없는 충전기, 멀티탭, 전선들	낡은 이불, 베개, 커버	써도 써도 줄어들지 않는 생필품
현재의 나와 어울리지 않는 옷	남아도는 옷걸이	기간이 지난 학습지, 문제집	착용하지 않는 액세서리	고장난 전자기기	몸에 맞지 않는 속옷
공부할 일 없는 전공서적	낡은 조리도구	쓰지 않는 가전제품	몇 년 동안 사용한 적 없는 계절 용품	쓰지 않는 운동용품	안 쓰는 수첩, 노트 등 문구류
먼지 가득한 인형들	읽을 일 없을 것 같은 책	먼지가 내려 앉은 소품	추억의 물건	소장 가치가 없는 사진들	미세 플라스틱이 나오는 수세미
사용할 때마다 불편한 물건	사용을 줄이고 싶은 일회용품	취향에 맞지 않는 물건	물건을 비운 후 남은 수납가구	사용하지 않는 손님용 물건	사용한 지 2년이 넘은 수건

빙고판의 아이템을 비우며 미니멀라이프를 완성해보세요.
주황 색으로 표기된 아이템은 책에 소개되지 않은 아이템입니다.
직접 비워보시고, 자신의 비결을 공유해주세요.

하나를 비우니
모든 게
달라졌다

초판1쇄 발행 2021년 3월 31일
초판2쇄 발행 2021년 5월 10일

지은이 이초아
펴낸이 권정희
책임편집 이은규 ｜ **콘텐츠사업부** 박선영, 백희경
디자인 부가트(@bookart_ever)
펴낸곳 ㈜북스톤 ｜ **주소** 서울특별시 성동구 연무장7길 11, 8층
대표전화 02-6463-7000 ｜ **팩스** 02-6499-1706 ｜ **이메일** info@book-stone.co.kr
출판등록 2015년 1월 2일 제2018-000078호

ⓒ 이초아
ISBN 979-11-91211-14-6 (03190)

북스톤은 세상에 오래 남는 책을 만들고자 합니다. 이에 동참을 원하는 독자 여러분의 아이디어와 원고를 기다리고 있습니다. 책으로 엮기를 원하는 기획이나 원고가 있으신 분은 연락처와 함께 이메일 info@ book-stone.co.kr로 보내주세요. 돌에 새기듯, 오래 남는 지혜를 전하는 데 힘쓰겠습니다.